景気回復こそが国守り
脱中国、
消費税減税で

日本再興

Japan's Revival

田村秀男
Tamura Hideo

はじめに

全国紙の経済記者となって50年もの時が経ちました。この間、ニクソン・ショック（1971年）、第一次石油危機（1973年）、第二次石油危機（1979年）、日米通商摩擦（1980年代前半から1990年代半ば）、プラザ合意（1985年）、ベルリンの壁崩壊（1989年）、日本経済のバブル崩壊（1990年代はじめ）、イギリスの香港返還（1997年）、アジア通貨危機（1997、98年）、日本の慢性デフレ突入（1997年）、リーマン・ショック（2008年）、東日本大震災（2011年）、そして中国・武漢発の新型コロナウイルス・パンデミック（2020年）と、日本経済を揺るがす大事件や出来事にことごとく遭遇し、現場取材してきました。まさに記者冥利《みょうり》に尽きるじゃないかと、まわりからは言われますが、そのたびに自問します。**「経済とは何か」**という根本的な命題です。自分はいくら経験を積み重ねても、この問いにはっきりと答えられるだろうかと。

経済学の泰斗《たいと》、宇沢弘文さんは遺著とも言うべき『人間の経済』（新潮新書）で、人間の心を大事にする経済学の研究に励んだと述べられています。アカデミズムとはかけ離れた現場主義の一介のジャーナリストにとって、この言葉はすとんと腑《ふ》に落ちます。

経済とは人間の心を豊かにするためにあるのです。

心が豊かになる、つまり幸せになりたいとは誰しもが願うことですが、ヒトの幸福は経済とは関係ない。収入や資産に恵まれていなくても、家族や友人を大事にし、美しい自然を愛《め》で、清く正しい生き方ができると考えることもできます。が、それはあくまでも個々人の話です。

1990年代はじめのバブル崩壊後には、中野孝次さんの著書「清貧の思想」がベストセラーになったこともあります。しかし、**経済は国民一人ひとりの単位ではなく、国民総体としてとらえるべき**です。

一国の経済は国内総生産（GDP）と呼ばれるパイの大きさを大きくする、つまり経済成長することで、万人が所得を得る場が生まれます。努力すれば、挑戦すれば報われるという経済社会こそが個人の自由を保証し、公正なチャンスを提供します。そのためには、なによりも**経済成長が土台**となるのです。

経済成長率がゼロ%以下ですと、ゼロサムと言って、誰かが得すれば誰かが損をするという殺伐《さつばつ》とした社会になり、ひいては**国家という共同体の衰弱・滅亡**にもつながりかねません。

本書で一貫して主張しているのは、**経済とは成長がすべてであり、それは可能だということ。そして、経済を成長させるべきであり、政治家はそれに命がけで取り組むべきだということ**です。

政治家が「経済成長率が辛うじてゼロコンマ%台でも仕方ない、満足せよ。消費税増税で懐《ふところ》具合が悪くなっても社会保障のためだ、我慢せよ」と言うのは負け犬の論法であり、欺瞞《ぎまん》なのです。恐るべきことに、そんな政治と政策がこの四半世紀もの間、まかり通ってきたのが我が日本なのです。

日本のGDPは1995年5・4兆ドル、2019年でも5・08兆ドルにとどまっています。この期間、中国は16倍、アメリカは2・8倍、ユーロ圏は1・8倍という具合です。世界ではプラス経済成長が当たり前なのに、日本だけが沈下してきたのです。コロナ禍《か》の2020年の日本のGDPは6月時点の国際通貨基金（IMF）見通し（日本は実質で5・8％のマイナス成長）からして4・7兆ドル程度になる公算があります。これは四半世紀の間で1兆ドルあまり、実に20％もの経済の縮小であり、**資本主義近現代史上、他に例を見ないほどの日本の凋落《ちょうらく》ぶり**です。

経済というものは、本来自律的な成長を内に含んでいます。資本主義、あるいは市場経済のメカニズムはそうなるように構成されています。それをフル稼働させるのが政治であり、政策なのです。少子高齢化であろうと、生産年齢人口（15～64歳）が減ろうとも、経済政策によって日本経済の成長は十分可能です。

なぜか。経済を人体にたとえてみますと、その体をめぐる血液はおカネです。貧血症ならともかく、日本経済は「富血症」です。カネという血液があり余っているのに、国内では回らないのです。その代わり、海外に安値で輸血され、アメリカの活力剤になっています。それどころか、かの全体主義国家・中国の経済成長を支え、こともあろうに軍事力膨張を促し、いまや日本列島の脅威になっているのです。

なぜそうなるのか。**原因はデフレにあり、その脱デフレに向けた有効な政策を打ち出してこなかった政治と行政、それを容認してきたメディアに責任**があります。

日本の家計と企業の持つ現預金は合計でGDPの2・3倍もありますが、経済成長を続けているアメリカは0・8倍以下です。デフレのために国内需要が細り続けるために企業は国内でカネを使わず、賃金も上げない。家計は収入が減ります。ならば、**政府が国債を発行して、余剰資金を吸い上げ、経済成長をもたらす分野に投資すればよい**のです。

現代の金融市場はその点、極めて効率的にできています。カネが充満していると、金利が下がります。日本国債の金利はゼロ%台で安定していますが、日銀が市場で買い上げるとマイナス金利になってしまうので、国債購入を手控える始末です。言い換えると、日本国債にはそれほど需要が大きいのです。政府が国債の大量発行を行うのは金融の市場原理に合っています。

中国・武漢発新型コロナウイルスの世界的大流行（パンデミック）のために、世界恐慌の恐れが生じているなか、どの国も財政収支の均衡などかまっていられなくなりました。日本の政府、与党もやっと「財政赤字」にこだわらない大がかりな緊急経済対策予算を組みました。「政府の借金」が急増しても金融市場はびくともしません。先進国はどこでも国債金利がゼロ%周辺で安定し続けています。とりわけ日本は米欧よりもマイナス金利になりがちなのです。言い換えると、これほど金融環境に恵まれた国は、他にはありません。

ところが、政治家や官僚、財界、学界、さらに新聞・テレビの言論界では、「コロナ後は健全財政に立ち戻るべきだ、財政支出を削減し、消費税を増税すべきだ」とする「均衡財政」の考え方が依然主流のままです。「財政緊縮脳」は相変わらずです。この増税・緊縮財政路線がいかに国家と国民を貶《おとし》めてきたか、しかも健全財政どころか不健全化してきたかについての反省はうかがわれないままです。筆者の主張に賛同する若手議員が与野党に出てきたのですが、まだまだ少数派です。コロナショックによる政治の覚醒はまだ端緒についたばかりというところでしょう。

本書が日本国全体の再興を促し、日本のあり余る潜在力を十分に発揮させる足がかりになることを願ってやみません。

最後になりましたが、本書出版を強く勧め、励まし続けてくれたネットテレビ「林原チャンネル」主宰の浜田マキ子さんの決断と実行力、ディレクターの高谷賢治さんの丁寧さなくしては、前に進むことはできませんでした。ワニブックスの川本悟史さんとライターの吉田渉吾さんの細部にわたる丹念な編集作業なくして短期間でまとめあげることは不可能でした。

みなさん、ありがとう。

令和2年9月吉日　　田村秀男

Contents

第2章 日本の常識は世界の非常識？ ビフォー・コロナの日本を振り返る

第3章

コロナ・ショックで〝焼け太り〟を狙う中国に警戒せよ

第4章

米中貿易戦争の本番はこれからだ

第5章 日本の経済政策、財務省思考の限界

第6章

世界が日本経済の復活を待ち望んでいる

序章

日本経済の復活は、政治の〝義務〟

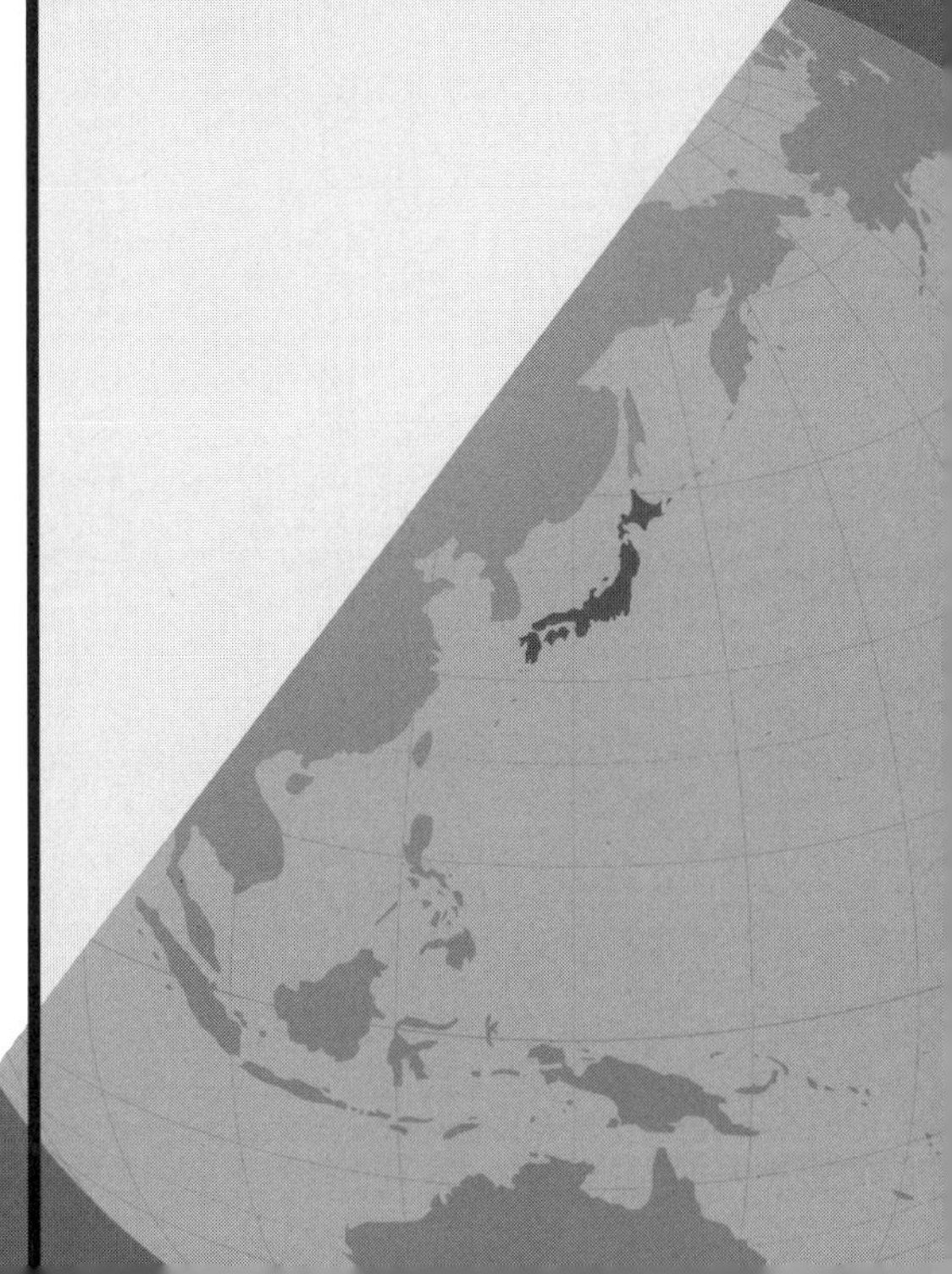

常識を疑え

ノーベル経済学賞受賞者のポール・サミュエルソン教授（1915〜2009）はこんな言葉を残しています。

「需要と供給さえ覚えれば、オウムでさえも博学の経済学者になれる」

これに従えば、はっきり言って今の日本の政治家、官僚、経済学者、メディアの主流派はオウム以下です。まあオウムは極端だとしても、経済学の基本常識さえ理解できていれば小学生でも「あれ、何かおかしいぞ?」と疑問を抱くような主張を、彼らはここ20〜30年間、恥じることもなく繰り返しています。

「日本は借金大国だからデフォルト（債務不履行＝借金を返せなくなる状態）に陥って財政破綻する」

「日本の財政収支は先進国のなかで最悪だから財政再建を急がなければいけない」

「日本の国債はもうすぐ金利が高騰して大暴落する」
「膨れ上がる社会保障費をまかなうためには増税やむなし」
「将来子供や孫の世代にツケを回さないためにも我々の世代で増税すべきだ」
「政策を実施するための財源がない」
「少子高齢化が進む日本の経済成長率が低いのは仕方がない」

みなさんも過去に何度か見聞きしたことがあるフレーズだと思いますが、**これらはすべて〝大ウソ〟**です。しかし、国民の多くがその大ウソを信じているため、国の経済政策も間違えた方向に舵《かじ》を切られています。

後ほど詳しく説明しますが、日本は世界最大の対外資産を持つ債権国、すなわち**世界一のカネ貸し国**であり、**世界で一番おカネが余っている国**です。そのため、**日本の国債はトップクラスの〝安全資産〟**として人気が高く、国内外の金融機関がこぞって欲しがっています。

本来、財政が危うい国家が発行する国債は金利を高くしないと金融市場で買い手がつきません。日本国債の場合、需要が供給をはるかに上回っているため、金利は〝高騰〟するどころか0％以下です。本当に日本が「破産寸前の借金大国」なら、果たしてそんな国の国債をこれほど欲しがるでしょうか。これも経済学の基本中の基本である「需要と供給の関係」さえ理解できていれば小学生でもすぐにわかる話です。

では、なぜそれほどカネを持っている国がバブル崩壊後30年近くも不景気で苦しんでいるのでしょうか。

その答えは単純明快で、**国が経済のセオリーをまったく無視した、間違った経済政策をしているから**です。

経済は〝生き物〟です。

カネという〝血液〟が回らなければ、経済は成長できずに死んでしまいます。

血液の巡りが良い状態が好景気、悪い状態が不景気です。

確かに日本国内には世界がうらやむほどの豊富なカネという〝資源〟が存在しているのですが、政治がそれを有効に活用できていません。そのため、国内の必要なところにカネが回らず、いわゆるデフレ不況が長引いて、過去20年以上まったくと言っていいほど経済が成長していないのです。しかも、そのような状況下で、政府は２０１４年4月と２０１９年10月の二度にわたって消費税を増税するという最大のあやまちまで犯しています。

消費税に限らないことですが、増税は人々の消費や投資を抑制し、デフレを加速させて景気を後退させます。

では、**デフレ不況時に増税**を行うとどうなるでしょうか。

当然、**さらに景気が悪くなります。**

そのくらい小学生でも理解できるはずなのですが、なぜか政治家や官僚、経済記者の多くはそれを理解していないようです。

日本経済は2020年に入り、中国・武漢発の新型コロナウイルスのパンデミック（世界的大流行）、いわゆるコロナ・ショックの影響でまさに未曾有の危機に直面しています。世界的に見てもその経済的損失は2008年のリーマン・ショックをはるかに上回る規模になりました。

しかし、私はこの**コロナ・ショックこそが日本経済を復活させる千載一遇《せんざいいちぐう》の好機**だと考えています。

と言うのも、これまで日本経済の成長を阻害してきたさまざまな要素が見直されつつあるからです。

その最たるものが、**財務省が長年にわたって死守してきた緊縮財政・増税路線**です。

コロナ・ショックがもたらした未曾有の危機に対応するためには、とにかくカネがいります。これまでさんざんカネを出し渋っていた政府（財務省）も、国民一人当たり一律10万円の現金給付を決定し、膨れ上がる財政需要に応じて国債を大量追加発行せざるを得なくなりました。

不思議で仕方がないのは、これまでさんざん「財政破綻」を警告して、緊縮財政・消費税増税を主張してきた財務官僚も、与党主流派も、財界・学界・メディアの主流派も、コロナ対策の財政支出拡大に対しては異論を控えているということです。

いい機会だから、ぜひ財政破綻論者に聞きたい。

コロナ対策で財政赤字が膨らむのだから、財政破綻が起きるのが心配だと、なぜ訴えないのか。

本当に自説に誇りを持っているのなら世の風向きから超然とすべきです。

ちなみに、彼らのいう「財政破綻」とはイコール金融破綻のことであり、金融市場で国債の買い手がつかない状態を指します。

しかし、前述の通り、現在日本国債は〝安全資産〟として需要が高く、政府はマイナス金利でも国債を発行できます。加えて、日本は世界最大の対外カネ貸し国であり、米国債など他国の財政まで面倒を見ています。そんな日本が「財政破綻」するのであれば、その前に全世界の国々がそうなっているはずです。

もしかすると、財政破綻論者が今おとなしいのは、**コロナ・ショックが落ち着いたタイミングを見計らって再び財政危機をあおり、コロナ復興税などの増税をもくろんでいる**からかもしれません。

もしそうであれば国民を相当バカにした話なのですが、彼らは**東日本大震災という未曾有の国難のあとに「復興特別税」を設けた〝前科〟がある**ので警戒する必要があります。しかも、新型コロナウイルス感染症の専門家で構成する政府の「基本的対処方針等諮問《しもん》委員会」のメンバーには、東日本大震災後の復興特別税という〝増税〟に賛同した大阪大大学院教授の大竹文雄氏、慶應大学客員教授で東京財団政策研究所研究主幹の小林慶一郎氏らが名を連ねているのですからなおさらです。

「国がこれだけ大変な時なのだから、国民が一丸となって問題解決にあたらないといけない。どうか国民のみなさんの力を貸してください」という論調で増税を訴えられると、**「日本は借金大国」という〝常識〟が頭にある国民は「それならば仕方ないか」と増税を容認**してしまいます。

また、「これ以上国債を発行すると財政破綻する」「国債の発行は子供や孫の世代に迷惑をかける」「財源=税収」という〝常識〟があるから、増税以外に選択肢はないと考えてしまいます。

コロナ・ショックというピンチをチャンスに変えるには、我々はまずその〝常識〟を疑わなければならないのです。

真のジャーナリズムとは

そもそも「日本は借金大国どころか世界一のカネ貸し国である」という現実を多くの国民が正しく認識していないのは、**ジャーナリズムに大きな責任**があります。はっきり言って今の日本にはまともなジャーナリズム、特に**経済ジャーナリズムが存在していません。**

ジャーナリズムには、単に事実を報道するだけでなく、そこに解説や評論を加えて物事の本質を人々に知らせるという大切な役割があります。しかし、今の日本のジャーナリズムは「事実を報道する」という最低限の役割すらできていません。

確かに**現在日本の国債発行残高が約１０００兆円**というものすごい金額になっていることは〝事実〟です。

しかし、同時にその**国債の90％以上を保有しているのが国内の金融機関**であり、**我々国民の預貯金でまかなわれている**という〝事実〟はまったくと言っていいほど報道されていません。

片方の事実だけを強調的に報じて「日本は借金大国だ」「財政の健全化には増税が必要である」とするのは明らかなミスリードです。

そもそも、政府が借金をするというのはそれほど悪いことなのでしょうか。

なぜこれほどまでに財政赤字は〝悪者〟扱いされているのでしょうか。

誤解しておられる方も多いのですが、これまでマスコミ等を通じて「国の借金」と説明されてきた国債による巨額の負債は、あくまでも**日本国政府の借金**であって、「日本国民の借金」ではありません。ですから**「現在日本には国民一人当たり××万円もの借金がある」という表現もまた大ウソ**なのです。

債務にはそれに見合う債権（資産）が必ず存在します。

そして、その政府債務の90％以上を引き受けているのは日本国民の貯蓄なのです。

そう言われても「いや、私は国債なんて持っていないよ」と思われるかもしれませんが、みなさんの預貯金や生命保険、年金の多くは国債で運用されています。

つまり、政府債務の最終的な債権者は我々国民であり、**「政府の借金＝国民の資産」**なのです。だから政府が国債をたくさん発行するということはその分だけ我々の資産が増えるということです。

この〝事実〟を日本のメディアは報道したがりません。

それどころか、財務省に目をつけられたくないために、率先して国民に財政破綻の危機をあおってきました。おそらくみなさんも見聞きしたことがある「日本の財政は、家計にたとえると月収30万円に対して生活費38万円、足りない分は過去の借金の利息分も含めて借金でまか

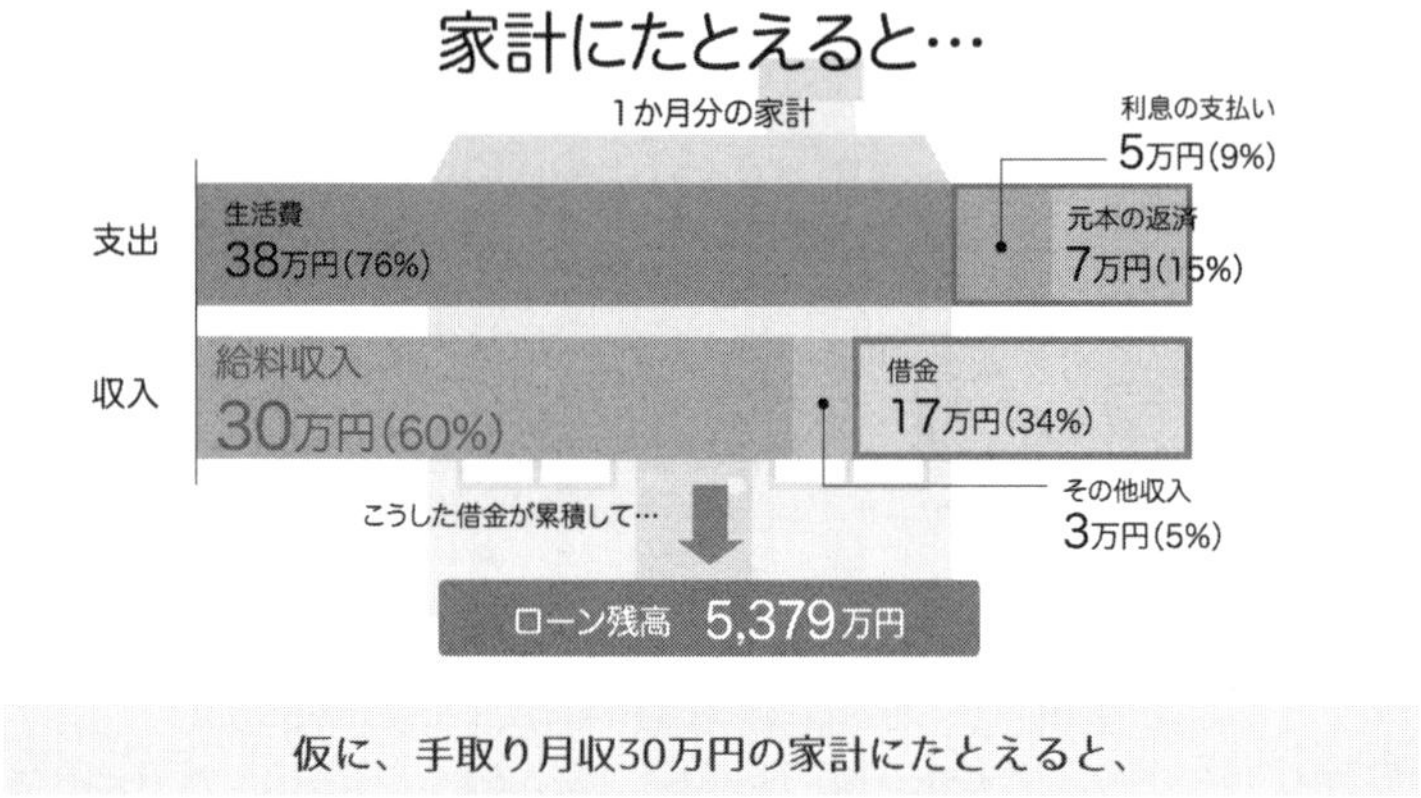

財務省が動画投稿サイト YouTube にあげている「日本の財政を家計にたとえると、借金はいくら？」と題した動画。この他にも財政破綻の危機をあおるような動画を多数アップしている。
出典：財務省ウェブサイト（https://www.mof.go.jp/gallery/201809.html）

なっているようなひどい状況だ……」という国家財政と家計を同一視する類の話は財務省からレクチャーされた内容をメディアがそのまま垂れ流しているだけです。同じジャーナリストを名乗る者として本当に恥ずかしいのですが、そんなことをしていてまともな経済ジャーナリズムが育つわけがありません。

国債などの借金を除いた歳入と、借金の元利払いを除く歳出の収支を「プライマリーバランス（基礎的財政収支）」と言います。その年の税収でその年の歳出とこれまでの借金の返済のすべてをまかない、新たに借金が増えなければプライマリーバランスはゼロになり、財政が均衡した状態になります。

プライマリーバランスは、財政再建を進めたり、増税路線を打ち出したりする財務官僚や政治家が好んで持ち出す財政用語として知られています。

これまで増税推進派の財務官僚や政治家はこのプライマリーバランスの理論をもとに「今の収入ではとても借金返済が追いつかない。むしろこのままでは雪だるま式に増えていくばかりだ」と国家財政があたかも一般の家計と同じであるかのように論じ、財政悪化の危機感・恐怖感と増税の必要性を訴えてきました。そして、マスコミがそれをさらにあおることで多くの国民が**「増税やむなし」と見事にだまされてきた**わけです。

そもそも国家財政は家計と違って節約すればするほど黒字が増えるようにはできていません。また、**国は家計と違って通貨を発行する権限を持っている**という決定的な違いもあります。ですから、本来国家財政を家計にたとえること自体無理があるのです。

国家財政を家計と混同する国は世界のなかで日本だけです。もし、アメリカの政府高官がそんなバカなたとえ話をすれば、即刻トランプ大統領から「お前はクビだ！」と言われることでしょう。議会もメディアも黙ってはいないはずです。

一般家庭が節約に励むのはいいことでしょうが、同じように政府が節約（緊縮財政）に励んでしまうと経済は確実に衰退していきます。それが今の日本経済です。

これまで日本経済は**「デフレ不況下でも緊縮財政・消費税増税」という間違った政策**がとられていたために長年低迷していました。しかし、間違った政策というのは結局のところ間違った考え方に由来します。

それを正すのが〝**真のジャーナリズム**〟です。

今回の新型コロナウイルスに関するメディアの報道を振り返ってみても、**いたずらに人々の恐怖心をあおってコロナ・ショックを騒ぎ立てるだけ**で、日本の経済・財政の現状を正確に踏まえた報道がなされていなかった印象を受けます。そもそも**コロナ以前から日本経済が2019年10月の消費税増税によって失速していたという〝事実〟**さえもほとんど無視されていました。

2020年9月現在、新型コロナウイルスの流行自体は国内で収束しつつあるように思えます。しかし、日本経済の立て直しはむしろこれからが本番だと言えます。困っている人を助ける給付金などの救済措置的な経済政策から本格的に景気を刺激する経済対策にシフトしていかなければなりません。

政府がしっかりと日本経済を成長させる方向でおカネを使おうとしているかどうか、火事場泥棒のような無慈悲なコロナ復興増税をたくらんでいないかどうか――ジャーナリズムに期待できないならせめて一人でも多くの国民がアフター・コロナの政策に目を光らせる必要があります。そのような**国民の厳しい視線こそが日本における健全な経済ジャーナリズムを育む土壌になる**はずです。

経済大国の日本が、経済を失ってしまうということ

1980年代半ばから後半にかけての4年間、私は日経新聞の記者としてアメリカのワシントンに勤務していました。当時はロナルド・レーガン大統領（第40第米大統領・任期1981〜1989年）が再選をかけて大統領選挙に挑んでいたことを覚えています。

当時レーガン大統領はこんな決め台詞《ぜりふ》を使って有権者に呼びかけていました。

「Are you better off 〜 ?（みなさんの生活は良くなりましたか?）」

それに対して、有権者は全員手を挙げて「Yes」と答える。その勢いでレーガン大統領の再選が決まるわけです。

当時の私は「なるほど、これがアメリカの政治なんだな」と感心しました。政治のリーダーが国民に生活が良くなったか（経済成長を実感できているか）を聞き、そのうえで必要なことを実行する――これこそが政治の本来の役割です。

経済成長を実現できない大統領はリーダー失格とみなされるので、大統領側もいかに自分が

経済を成長させたかを一生懸命国民にアピールします。つまり、政治家にも国民にも**「経済を成長させられなければ政治の意味なし」という意識**が根付いているわけです。今日のトランプ大統領がことあるごとに経済成長をアピールするのも、そうしたアメリカの伝統に基づいていると言えます。

では、日本の政治はどうでしょうか。

良くも悪くも、日本の政治は官僚機構によって支えられています。官僚は学力に秀でたエリートたちですから、政治が彼らをうまくコントロールできればさまざまな分野で良い結果を出せるはずです。それが有権者に選ばれた政治家の役目なのですが、実体は有権者に選ばれていない官僚に主導権を握られ、反対に政治家のほうがコントロールされてしまっています。とくに財政に関しては財務省がまだ大蔵省だった時代から政治家たちは官僚に翻弄《ほんろう》されっぱなしです。

政治家にしろ官僚にしろ、あるいは経団連のような団体にしろ、彼らが達成すべき目標は、国民経済全体を豊かにしていくことです。つまり日本経済を成長させることこそが彼らの〝使命〟であり、〝正義〟であるべきなのです。そうでなければ国民のより良い生活(better off)を支えていけるはずがありません。

ところが今の日本では、**過去20年以上経済がほとんど成長していない現状をあきらめ気味に受け入れる**ようになってきています。

日本は人口が減っているから、あるいは少子高齢化だから経済は成長しなくてもいい、マイナス成長でも仕方ない――いつからかメディアの世界ではそんな論調が当たり前のようになってきました。また、政府や日銀、経済学者などの専門家たちでさえ、もっともらしい経済の数式モデルを根拠に「だから日本経済のケースではコンマゼロ％台の低い成長率でも仕方ないんだ」と平気に口にする始末です。

こうした考えがベースにあると「デフレ不況下なのに増税」という間違った政策を「やむなし」と容認する空気をつくり出してしまいます。

経済とは本来、国と社会全体を活力あるものにして、そこで暮らすみんなが幸せになっていくというプロセスであるはずです。また、**政治を変え、社会を変えていく〝国家の土台〟**でもあります。その経済が20年以上もほとんど成長していないのは異常な事態だと言わざるを得ません。

経済成長率はＧＤＰ（国内総生産）が前年度に比べて何パーセント増加したかで表されます。ＧＤＰとは国内で一定期間（通常は1年間）に新たに生み出された商品やサービスの付加価値の総額のことです。これが上昇して経済が成長していれば好景気、下落していれば不景気ということになります。ＧＤＰには、物価の変動を反映しない「素の数値」である名目ＧＤＰと、

実質経済成長率の推移(%)

データ：IMF経済予測（2019年10月版）

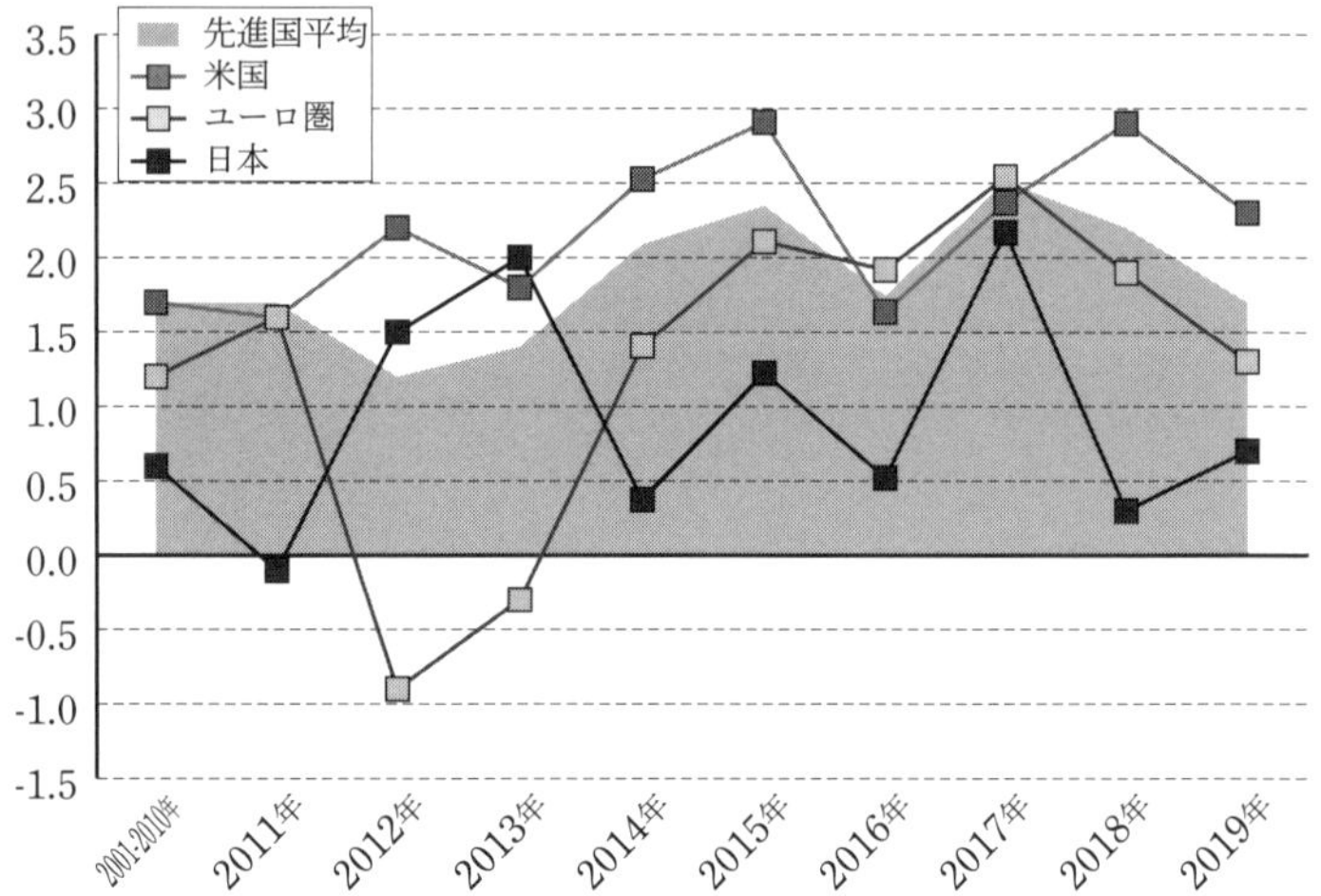

物価の変動を反映した実質ＧＤＰのふたつがあります。

日本経済の過去20年の実質経済成長率（実質ＧＤＰに基づく経済成長率）は平均０・７％台で、**世界１９０カ国のなかで１７０番目程度という悲惨な数字**です。実はこれほど長期間低成長が続いたケースは近現代資本主義の歴史をさがしてもあまり前例がありません。他の先進国はコロナ以前には毎年２％くらいの実質経済成長率をキープしていましたし、１９３０年代アメリカの大恐慌時代でさえ実質経済成長率は２％ほどありました。

アメリカのデータサービス会社ＣＥＩＣによると、日本の国民一人当たりのＧＤＰは、20年ほど前にはアジアのみならず世界でもトップク

国民一人当たりGDP（万ドル）

データ：CEIC

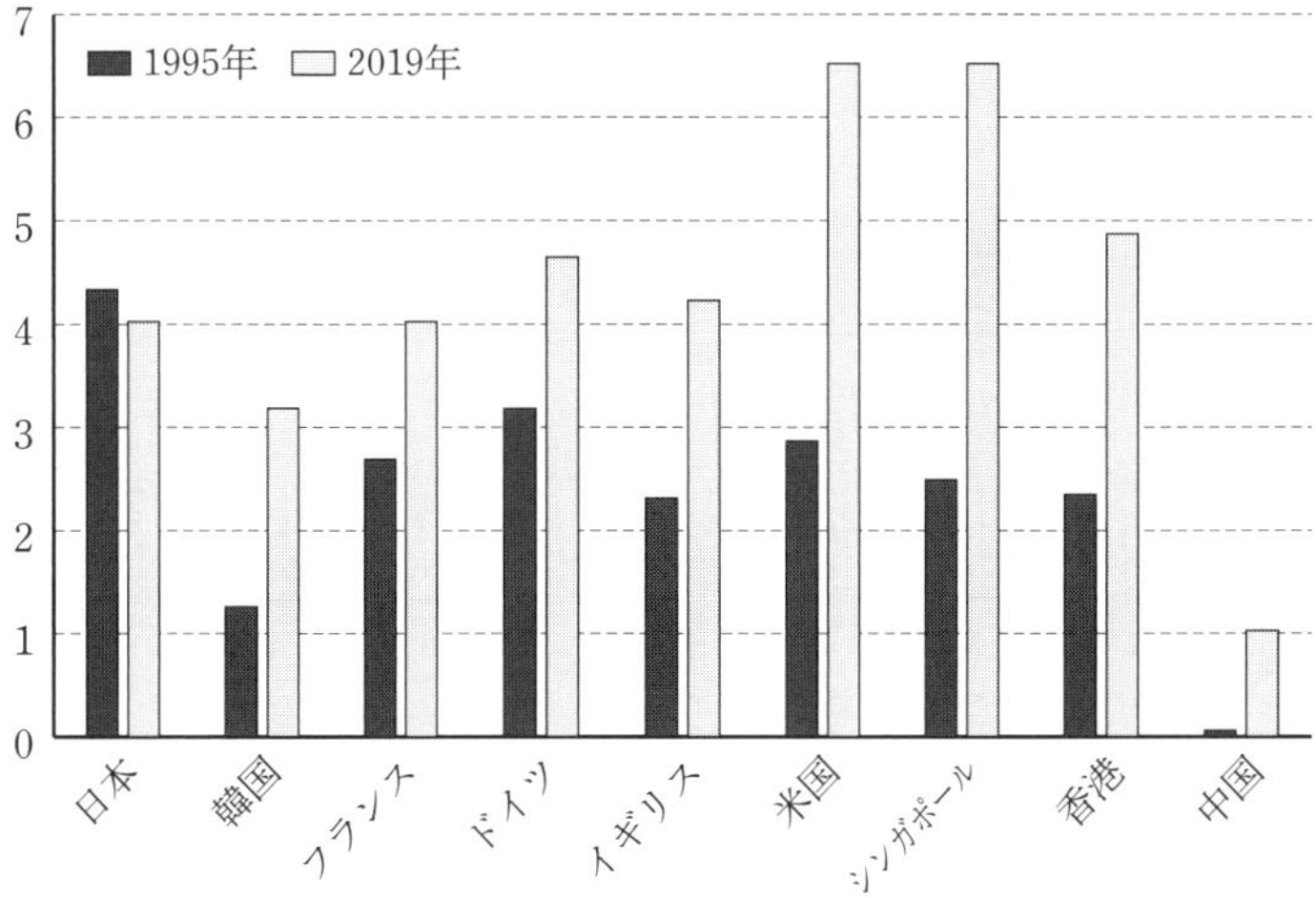

ラスでしたが、２０１８年には世界26位にまで転落しています。２０１９年は４万２６３ドル（約４４３万円）で、アジアのなかでもシンガポール（６万５２３３ドル）や香港（４万８７１８ドル）などにすっかり抜かれてしまいました。はっきり言ってしまえば、この20年で日本がそれだけ貧しくなっているということです。

「日本は所得が低くてもその分物価も低いから問題ない」という意見もあるかもしれませんが、私は現実問題として**日本が経済成長のチャンスを逃した分だけ貧しくなっている、国力が衰退している**と認識すべきだと思います。

実際のところＧＤＰというマクロ経済の数値が伸びない（＝経済が成長しない）と社会にさ

まざまな問題が生じます。

一番の問題は「生産年齢人口」と呼ばれる15歳から60歳までの現役世代（勤労世代）、子育て世代の負担が大きくなることです。彼らは収入が増えないなかで今後ますます増えていく高齢者を支えていくことになるので、可処分所得（収入から税金・社会保険料などを差し引いた自由に使えるおカネ）がどんどん減っていきます。消費や貯蓄に回せるおカネが少なくなれば、さらに景気が悪くなるだけでなく、子供を産む経済力もなくなり、ますます少子化が進んでしまいます。そうなると、たとえ政府が国民に「もっと子供を産んでください」とお願いしたところで、各家庭に経済的な余裕がないのでどうしようもありません。たとえ人々が「もっと子供を産みたい」という気持ちを持っているとしても、やはりそれ相応の経済力がなければ難しくなります。

これがまさに今の日本です。

その**責任は、経済を成長させることができない政府**にあります。

ここで言う「政府」とは、行政府はもちろん、国会も含みます。本来政治家は日本経済を成長させられなかった時には責任をとらなければならないのです。

経済は政治が動かすものであって、役人が動かすものではありません。

改めるべきは政治であり、役人だけを責めていても何も始まらないです。

政治家のみなさんはそれを肝に銘じ、財務官僚に財政を任せっきりにしている現状を変えていく必要があります。

経済こそは国守り

政府がコロナ・ショックからの経済の立て直しで舵取りを誤れば、日本はさらに貧しい国になるかもしれません。日本がこれまでのように財務省主導の「間違った経済政策（＝デフレ不況下での緊縮財政・増税）」を続けるなか、先進諸国が「まともな経済政策（＝経済学に基づく理にかなった政策）」でコロナ・ショックから立ち直れば、日本国民と先進国の国民との所得差はますます広がり、その他の国々にも追い抜かれていくことになります。

国民の所得を一般の先進国並みにするのは、本来政府の役割です。政治家の最大の役割は結局のところ経済を成長させることにつきると私は思います。

もちろん国家の安全保障や外交なども非常に重要ですが、それを支えているのは経済力に他なりません。肝心の経済力が他の国に比べて衰えていくことは、すなわち国家の安全保障そのものが弱体化していくことを意味します。経済と安全保障は一体として扱うべきものなのです。

そんなことは言わずもがなの世界の常識であり、アメリカのトランプ政権も経済を安全保障と不可分のものとして重視しています。

私は2018年にトランプ大統領のナンバーワンの側近とされる人物で、トランプ政権の行政管理予算局長・大統領首席補佐官代行を2020年3月まで務めたミック・マルバニー氏と東京で2、3回対談をしたことがあります。その際、マルバニー氏は「トランプ政権にとって経済成長は安全保障そのものであり、実質ベースで経済成長率3％を達成しなければならない。だから経済成長重視の政策をとっている」と語っていました。何かと過激な発言が注目されがちなトランプ大統領ですが、経済成長こそ彼の政権にとっての最優先事項なのです。

国家は税や国債によって民間から吸い上げたカネを適正に再分配することで、国の安全保障をゆるぎないものにしなければなりません。それは政府として当然の義務です。その義務を果たすためにも、政府は責任を持って経済を成長させなければなりません。経済を成長させることができないということは、政権が「私たちは国民の安全と財産を守る能力がありません」と公言しているようなものだと言えます。

野党も本気で政権をとりたいなら、国家の根幹・本質にかかわる経済政策で政権に対抗するべきです。

「デフレ不況を脱するまでは消費税を減税、もしくは撤廃せよ」

「財政再建を急ぐ必要はない。日本の財政収支は先進国のなかでも優秀ではないか」

「緊縮財政を今すぐやめろ」

「国債の新規発行を増やし、国内の成長分野に投資しろ」


攻撃材料はいくらでも政権が提供してくれています。あとは経済学の基本に沿った「まともな経済政策」を掲げるだけでいいのです。現在の日本経済の厳しい現状を踏まえれば、週刊誌のスキャンダルのような小ネタで政権批判をするよりもよっぽど国民の支持を得られるに違いありません。

世界に厄災を撒き散らす中国に対抗できるのは経済大国日本という存在

日本の経済と安全保障が不可分であることがわかる最たる例が中国の存在です。

日本の経済が過去20年以上停滞するなかで、中国は、細かい数字はそれほど信用できないものの、確かに目覚ましい経済成長を遂げてきました。一方で、**環境汚染や軍事力の拡大、海洋進出、チベットやウイグルに対するおぞましい人権侵害など、アジアを中心に脅威と厄災を撒き散らす存在**にもなっています。言わずもがな、今回の新型コロナウイルスのパンデミックもそのひとつです。今や何事につけても中国の動向が世界情勢を大きく左右する要因になっています。

その**中国の膨張に一役買ってきたのが、実は20年以上に及ぶ日本経済の停滞**です。

金融の世界では1990年代後半からグローバル化が進み、おカネがより簡単に、より自由に、低コストで国境を越えて移動するようになりました。その結果、デフレ不況のために国内で使われない日本のおカネ（金融機関に眠っていた預貯金）がどんどん海外に投資されて運用されるようになりました。当たり前の話ですが、おカネはより儲かりそうな投資先にどんどん集まっていきます。その儲かりそうな投資先というのが、著しい経済成長を遂げていた中国でした。当時ニューヨークやロンドンの金融市場に流れていった日本のおカネも欧米の金融機関を通じて最終的には中国に投資されていきました。

このように中国は金融のグローバル化の恩恵を最大限に受けた〝勝者〟であり、日本は中国の経済成長にカネを貢いだ〝敗者〟だったわけです。**本来なら日本の経済成長の源泉となるべき国民の預貯金がよりにもよって中国の経済成長に使われ、結果的に日本国民の安全を脅かす**

ようになったというのは皮肉としか言いようがありません。

今や中国がアジアの盟主のごとく君臨しているなか、果たして日本はこのまま経済を停滞させ続けていていいのでしょうか。

日本経済が停滞を続け、国際社会で影響力を行使できないという状況は、日本のみならず、アジアにとっても、世界にとっても、非常に不幸なことだと私は思います。

特にコロナ・ショックによって世界中の国々が中国の脅威をはっきりと認識した今、日本経済の復活は世界から歓迎されるはずです。

政治家のみなさんにはぜひ、世界がそれを待ち望んでいるという意識で「日本経済復活のビジョン」を示してほしいものです。

日本が強いことが世界に安定をもたらす

アフター・コロナの世界における**重要なキーワードのひとつは「脱中国」**です。

これまで日本は需要と供給の両面で中国依存を放置してきました。ご存じの通り、国内の需要は中国人観光客を中心としたインバウンド消費頼み、モノの生産も中国から供給される部品・

材料頼みだったわけです。しかし、今回のコロナ・ショックでそんな中国依存のリスクが露呈しました。

今の日本はマスクのみならず医薬品の原料も中国に頼らないとなかなか手に入りにくい状況にあります。あまり知られていませんが、抗生物質の原料に関してはほぼ100％中国産です。我々の生命維持に不可欠な医療までもが中国頼みという現状は、国家の安全保障という面から見ても大いに問題があります。

ある意味でコロナ・ショックはこうした〝異常〟な現状を変える絶好のチャンスなのです。アフター・コロナの世界で日本経済を復活させるためには「生産の脱中国と国内回帰」を実現させる必要があります。まだまだ中国市場への〝幻想〟を抱いている日本企業は多いですが、それに対しては政府主導で産業界に中国からの生産回帰を促し、積極的な国内投資で内需を高めなければなりません。

2020年度の第一次補正予算案では、サプライチェーン（部品供給網）再編支援として約2400億円が盛り込まれ、中国から日本にUターンする企業を支援する「脱中国」路線が打ち出されました。日本が中国依存からの脱却を表明したことは諸外国からも注目されているようなので、今後さらに支援を手厚くして脱中国化を加速させていくべきでしょう。そのうえで中国との対決姿勢を明確に示しているアメリカや諸外国と足並みをそろえ、中国をこれ以上膨張させないよう牽制していく必要があります。

実のところ、コロナ以前の中国経済はいわゆる米中貿易戦争で崩壊寸前だったのですが、アメリカ経済もコロナ・ショックで前例がないほどの大きな打撃を受けました。このままアメリカが経済の立て直しに出遅れてしまうと、**中国が世界経済をリードしていくという最悪のシナリオ**すらも考えられます。日本の未来のためにも、世界の未来のためにも、それだけは絶対に阻止しなければなりません。

中国をここまで太らせてきた責任をとる意味でも、日本はアジアを代表して中国の脅威に真正面から立ち向かうべきです。

何度でも繰り返しますが、そのためにはコロナ・ショックというピンチをチャンスに変え、政府も国民も経済成長に対する意識を改め、日本経済を復活させなければなりません。そのために、具体的に何をするべきかは、次章以降で述べていきます。

日本経済の復活は、もはや日本一国だけの問題ではなく、世界情勢の安定にもかかわる問題なのです。特に政治家のみなさんにはそれを自覚していただきたい。

第1章

コロナ恐慌をチャンスに変える、V字回復のシナリオ

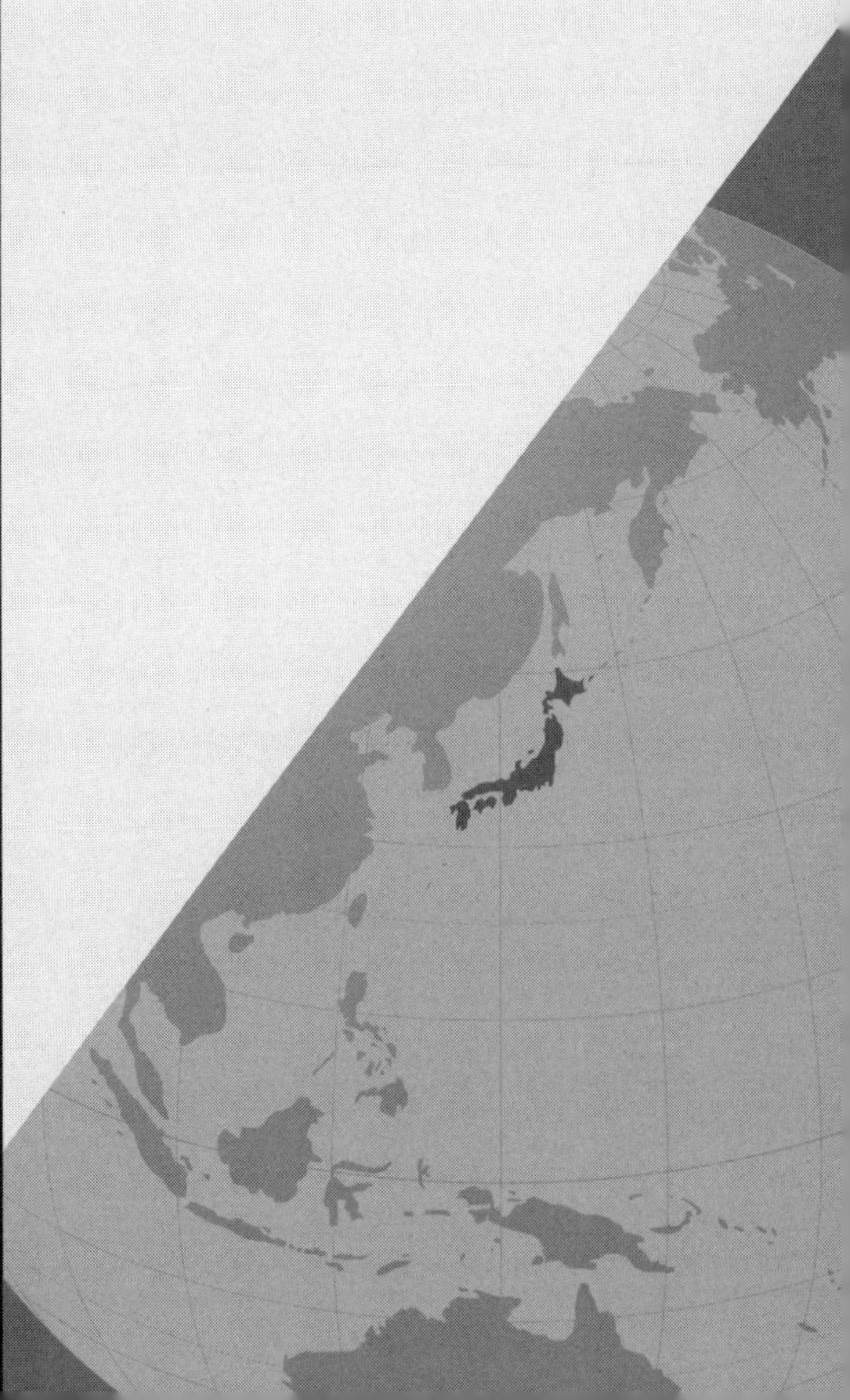

新型コロナウイルスがいかに世界経済を破壊したか

中国・武漢市発の新型コロナウイルスの被害は国際金融市場の総本山であるニューヨークを中心とする世界の株式市場に伝播し、2020年3月にはアメリカの代表的な株価指数であるダウ平均株価が大暴落。その後も乱高下《らんこうげ》を繰り返し、「100年に一度の大津波」と言われた2008年9月のリーマン・ショックを超える悪夢になりました。

経済におけるコロナ・ショックは、まず世界のモノの供給源である中国を起点とするサプライチェーン（部品供給網）の機能がマヒしたことから始まりました。すなわち、中国製部品の材料や供給が乱れ、細り、日米欧、東南アジアを問わず、世界のモノの生産が攪乱《かくらん》していったわけです。リーマン・ショックの時は、カネこそ回らなかったですが、ヒトは動けました。しかし、コロナ・ショックでは、ウイルスへの感染を恐れてヒトの移動も停滞しました。

経済はヒトが動き回ることで支えられています。

ヒトが動かなくなると消費も生産もストップします。

生産・消費を担うヒトの移動が制限されると、景気が悪くなるという〝不安にかられたカネ〟が金融市場から逃げ出し、雇用や設備投資にカネが回らなくなります。

そうした悪循環が「世界の工場」と言われる中国で起こってしまい、半導体などの電子部品の中間財供給国である韓国にも飛び火しました。さらに国境を越えたヒトの移動が自由な欧州連合（EU）の主要国のひとつであるイタリアでもそれが起きると、世界経済がこのままおかしくなるのではないかという不安が投資家の間に広がりました。その結果が先述のニューヨーク株式市場の大暴落です。

カネや株はウイルスに感染しませんが、今や瞬時に国境を越え、世界を一周する時代ですから、時としてウイルスよりもやっかいです。感染症は入国制限や外出禁止などの隔離政策によって拡大速度を抑えられるかもしれませんが、経済不安が市場に広がるという〝感染〟はなかなか抑えられません。

このように地球全体を覆ってしまうほどの感染症の拡大が株式市場を大きく揺るがした結果、世界経済は大混乱に陥りました。新型コロナウイルスの問題は医療がウイルスそのものを克服するまでは先行きが不透明なため、世界経済の混乱もまだ続きそうです。加えて、同じような未知のウイルスの流行はこれから先もたびたび起こりうるだろうという専門家の予測もあります。

ヒトもモノもカネも国境を越えて自由・活発に動けるというグローバリゼーションの時代は、新型コロナウイルスの登場によって一夜にしてお先真っ暗になったと言っても過言ではありません。

コロナ・ショックであぶり出された日本の哀れな姿

これまで主要国の中央銀行は、金融危機が起こるたびにカネを大量発行し、不況を最小限にとどめてきました。

しかし、新型コロナウイルスがもたらした金融危機は従来のものとは次元が異なります。生産や消費を担うヒトが動けなくなったわけですから、金融市場対策だけでは経済危機を止められません。そのため、各国の政府は財政資金を家計、中小・零細企業を中心とする多くの業種、地方自治体に投入せざるを得なくなりました。

コロナ・ショックは経済政策面で考えると「**富める階層のための財政・金融政策を一般国民向けへと、現代史上初めて転換させた**」という意味で歴史的だと言えます。

しかし、日本政府の初期の経済対策を振り返ってみると、それはもうひどいものでした。一言でいうと、ケチ臭い。

すったもんだの末に2020年4月7日に発表された新型コロナウイルス感染症緊急経済対策は、事業規模が日本のGDP約540兆円の約2割に相当する108兆円をウリにしていました。安倍晋三首相は世界最高水準の規模だと胸を張っていましたが、世間からはすこぶる不評でした。

それもそのはず、108兆円と言っておきながら、景気を押し上げるために実際に政府が使うおカネ、すなわちGDPに直接働きかける財政支出は14～15兆円くらいしかなかったからです。専門家たちの間でいわゆる「真水《まみず》」と呼ばれる財政支出がそれですが、この真水の金額が緊急経済対策においてもっとも重要な柱となります。必要な量の真水を用意せず、見せかけの金額だけ膨らまして「GDPの2割もあるから安心してください」では話になりません。

迅速性《じんそく》が求められる国民への現金給付に関しても、当初は所得制限をもうけるか否かでなかなか話がまとまらず、決定が遅れてしまいました。国民が結束しなければならない緊急事態時に「あの人はもらえるのに、私はもらえないかも……」と国民を不安にさせているようでは結束なんてできるわけがありません。

また、現金給付よりも景気対策として即効性のある消費税の減税については、なんと3月の時点で早々に麻生太郎財務大臣が否定的な見解を述べていました。

4月7日の緊急経済対策発表の際、政府は「世界経済が戦後最大の危機に直面している」との認識をはっきりと表明しています。

「戦後最大の危機」と言うのなら、それ相応の対応をしてしかるべきです。

政府がこのようにケチ臭い対応しかできなかった背景には、財政均衡絶対主義（緊縮財政・

増税路線）の財務省の意思があります。

しかし、有事の際には官僚が得意とする平時のやり方では通用しません。**有事には有事に対応した政治の決断、リーダーの決断が必要**です。

この緊急経済対策の一連の議論を通じて、とにかく政府にカネを使わせようとしない財務省の存在を世間が多少なりとも認識するようになった印象を受けます。その意味でも、コロナ・ショックは日本国民が財務省の洗脳から〝目覚める〟いいきっかけになるかもしれません。

国民の経済観を歪める無責任なメディア

私は常日頃から**日本人には経済感覚が優れている方が多い**と思っています。タクシーに乗っていても、飲食店に行っても、飲み屋さんの店主と話をしていてもそれを実感します。政府が当初掲げた１０８兆円の緊急経済対策のような〝ごまかし〟は、こういう方たちには通用しません。

政府は２０２０年４月27日に国民一人当たり一律10万円の現金給付を盛り込んだ補正予算案（第一次）を国会に提出し、同日には日本銀行も無制限の国債購入や企業の社債などの購入枠

リーマン・ショックとコロナ・ショック時の経済対策(兆円)

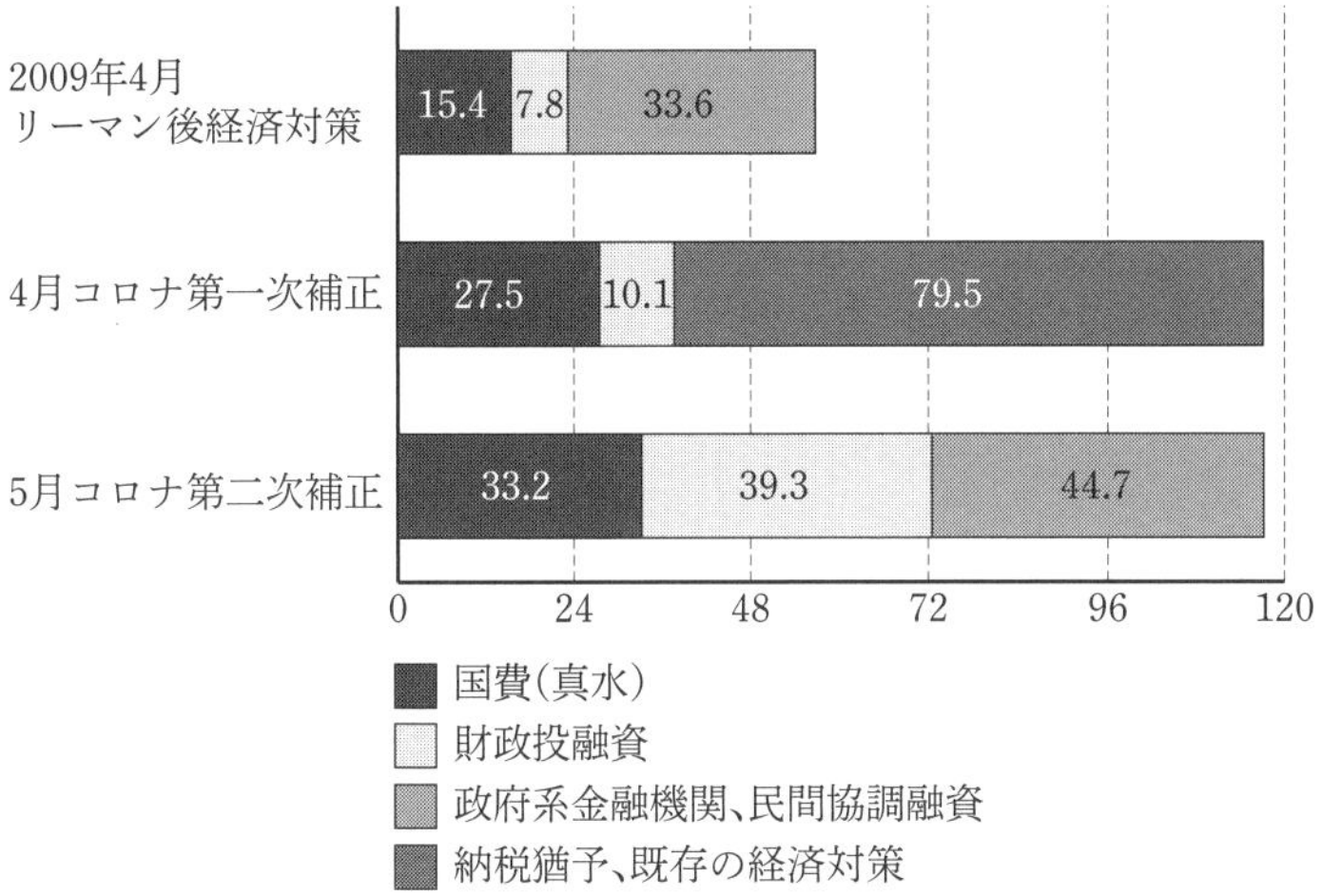

拡大を決定しました。最初の〝ごまかし〟の緊急経済対策が世間の厳しい批判を浴びたこともあり、ここで政府がしっかりとカネを使い、日銀がその資金繰りを支援していく姿勢を一応は示したというわけです。

財政政策と金融政策を組み合わせて目標を達成していく政策方法のことを「ポリシーミックス(Policy mix)」と言います。

西村康稔《やすとし》経済再生担当大臣は4月27日の会見で、日銀が政府の緊急経済対策の資金繰りを支援する体制を整えたことを評価し、「政府と日銀のポリシーミックスを強化するもの」との見方を示していました。確かにこれで形のうえでは財政・金融の両輪を組み合わせた経済政策が打ち出されたことになります。

本来なら消費税の減税も合わせて行うべきなの

ですが、ひとまずはこの4月27日の決定で緊急経済対策がようやくまともな方向に軌道修正されたと言えるでしょう。

その後、6月12日成立の第二次補正予算でも事業規模117兆円のうち真水の財政支出33・2兆円が盛り込まれ、第一次補正の財政支出27・5兆円と合わせて約60兆円、日本のGDPの1割強相当まで財政出動が拡大しました。これはリーマン・ショック後の経済対策をはるかに超える金額です（前ページのグラフ参照）。ただし、このおカネがしっかりと有効的に使われていくかは、これから我々国民がチェックしていかなければなりません。

そうしたチェック機能は本来マスコミが担うべきですが、新型コロナウイルス関連の話題に関しては、政治に対する不安以上にメディアの報道姿勢に対する不安があります。緊急経済対策がようやくまともな方向に軌道修正されたにもかかわらず、それを正しく認識することなく**見当違いな批判をするようなメディア**が存在しているからです。

そのいい例が朝日新聞の5月28日付の記事です。見出しには【「ごねれば出る、打ち出の小づち」膨張した補正予算】とあり、政府が補正予算で財政出動を拡大させていることを否定的に報じていました。

主流派メディアや財政均衡論者（財政破綻論者）のエコノミストは「政府はおカネを使って

はいけない。むしろ増税したり財政支出をどんどんカットしたりしなければ財政再建はできない」という財務省の主張をほぼそのまま支持しています。「打ち出の小づち」というのは、彼らが以前から財政出動（とその財源となる国債の発行）に対して好んで使っていた表現です。ようするに、小づちを振るだけで大判小判がザックザク、じゃんじゃんおカネが出てくるという、いかにも日本人の道徳観に合わないイメージを財政出動に対してすり込もうとしてきたわけです。

堅実・節約を美徳とする日本人からすると「打ち出の小づちで楽してカネを手に入れるのか」と言われると、**なんとなく〝良くないこと〟や〝後ろめたいこと〟をしているような気分**になります。

しかし、**必要な時に政府が国債を発行して財政出動を行うことは、経済学からみても合理的で正しい選択**です。

おとぎ話ならともかく、現実の世界で打ち出の小づちを振ればいくらでもおカネが出てくるなどということは絶対にありえません。大量の国債を安心して発行できるのも、これまで日本人が堅実におカネを貯めてきたからこそ可能なのであり、**〝無〟から〝有〟を生じさせているわけではない**のです。

経済はおカネが回らないと成り立ちません。

我々の生活も、収入も、就職もすべて途絶えてしまいます。日本の経済を支えている中小企業もバタバタと倒産し、大量の失業者が生じてしまいます。社会にとってこれほど怖いことはありません。

だから、今回のコロナ・ショックのように、経済が委縮し、消費が止まり、収入が途絶え、企業が雇用を維持できない時に政府が積極的におカネを使い、必要なところに必要な資金を直接流し込んでいくことは、経済の理屈からしても当然です。そうすることが社会的正義でもあります。

それを肝心のメディアが財政出動を「打ち出の小づち」と表現するなど言語道断。国民の経済観を歪めることにもつながるので、百害あって一利なしです。

コロナ・ショックに限った話ではないのですが、政府が必要な時にケチってカネを出さなければ国全体が大変な不況に陥ってしまいます。

そんなことは世界では常識中の常識です。

財政出動を「打ち出の小づち」とみなす幼稚な考え方こそ日本のメディア、有識者が世界の常識からかけ離れているデタラメな部分だと言わざるを得ません。同じジャーナリズムに携わる者として本当に情けない限りです。

日本は国債をいくらまで発行できるか？

では、政府は経済再生のために無制限に国債を発行しても大丈夫なのでしょうか。

答えは「はい」です。

少なく見積もっても**100兆円の国債を今すぐ発行してもまったく問題ありません。**

国債を発行するうえでの最大の問題は金融市場を不安定にしてしまわないかどうかです。

そもそも現実の経済は、本来、国債の乱発を許さない市場システムになっています。とりわけ、高度に金融市場が発達している先進国では、政府が「放漫財政」にどっぷり浸かってしまうと金融市場で国債の買い手がつかなくなり、高利回りにしないと発行できなくなります。強行すれば国債相場が急落し、金利が高騰するので、発行する側にとっても割りが合わなくなります。

それが市場原理というものです。

どれくらい国債を発行できるかは、経済学の基本中の基本である需要と供給の関係を踏まえればすぐわかります。

国債の需要、つまり買い手である銀行や生命保険会社などの機関投資家がどれだけ購買力があるか、そして供給側である政府の国債の新規発行がどれだけの規模であるか、というバラン

日米欧の民間現預金と政府純債務のGDP比率(%)

データ:CEIC

注:①ユーロ圏2019年現預金は2018年データを適用　②純債務は総金融資産から総金融債務を差し引いたもの

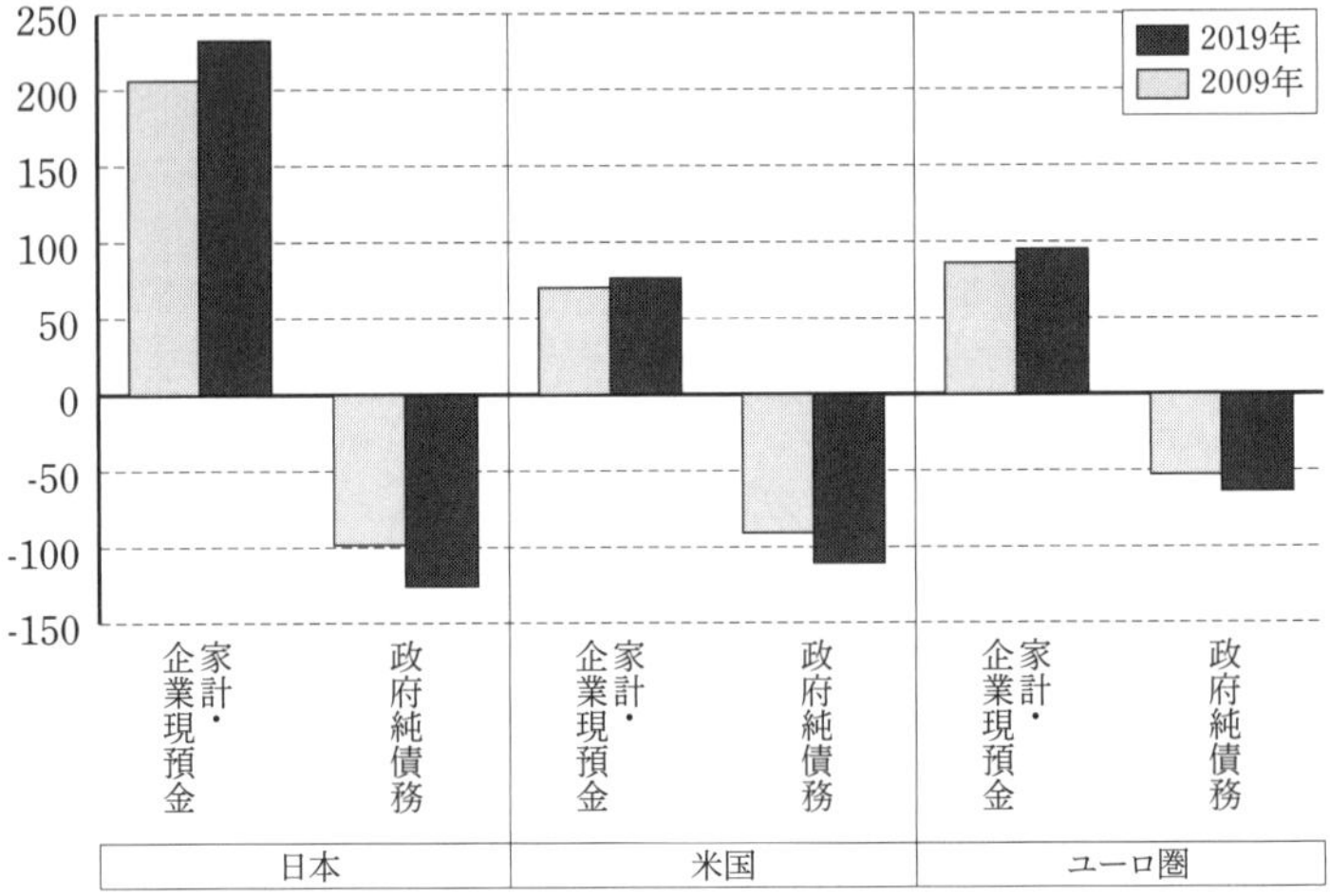

スのもとに国債相場と金利が決まります。日本と欧州の場合、国債金利はゼロ%以下です。ということは、国債需要が供給をはるかに上回っているので、国債をもっと追加発行してもすぐに買い手がつくはずです。加えて、国際的な信用の高い決済通貨を発行している中央銀行なら自国の国債を買い上げることができます。金融市場による国債吸収能力を決めるのは、その国の民間部門のカネ、すなわち現預金量です。

上のグラフは、日本とアメリカと欧州ユーロ圏の家計・企業合計の現預金のGDP比を表したものです。こうして比べてみると一目瞭然ですが、日本はリーマン・ショックのあった2008年、さらにコロナ・ショック前の2019年時点とも、その比率の高さで米欧を圧倒しています。

言い換えると、**日本は米欧にもうらやましがられるほど国債を買えるカネがあり余っているわけです。**

ちなみに、2019年時点の日本の家計・企業の現預金合計はGDPの約2・3倍、金額で言うと約1300兆円もあります。

一方、財政破綻論者が日本の財政危機をあおる際に好んで引用するのが政府債務の規模です。

彼らは「日本のように政府純債務が米欧に比べて高いと、投資家が恐れて今にも国債を投げ売りするかもしれない」と騒ぎ立てます。実際に国債が投げ売りされて市場にあふれると、供給増・需要減となって金利が上昇するはずです。ところが、実際にはマイナス金利になるほど日本の国債需要は旺盛ですから「国債の金利が高騰するぞ」と叫べば叫ぶほど「オオカミ少年」扱いされかねません。

そこで、財政破綻論者の財務省御用学者がひねり出してきたのが**「テールリスク」**です。

テールリスクとは、たとえば巨大な隕石《いんせき》が地球に衝突するようなケース、つまり実際に起きる確率は極めて低いが、起きてしまうと取り返しがつかないような損失をもたらすリスクのことを言います。まさに日本の財政破綻は「実際に起きる確率は極めて低いが、起きてしまうと取り返しがつかないような損失」ですから、論法としては相性抜群です。

実際、2013年9月初め、経済学者の伊藤元重東大教授と財務省出身の黒田東彦《はるひこ》日銀総裁が安倍首相に「翌年4月からの消費税増税の予定通り実施」で説得するために、このテールリスク論法を駆使しています。すなわち、「増税しないと国債相場が暴落するテールリスクが発生する」と日経新聞の経済教室欄で伊藤氏が論じ、黒田氏がそれに便乗したのです。

コロナ・ショックでうやむやになった感がありますが、実は日本経済はコロナ以前の2019年10月の消費税増税で大きく落ち込んでいました。それについてはまた後ほど詳しく取り上げます。

とにかく、**世界一のカネ余り国である日本**の政府が国債を発行して財政出動に必要なおカネを調達するのは経済政策として何ら問題のないことです。

むしろ問題なのは、国債の発行を「打ち出の小づち」を振るような〝良くないこと〟や〝後ろめたいこと〟だと多くの国民が勘違いしてしまっている点にあります。政治家が「財源はどこにあるんだ」というフレーズに委縮して何もできない現状、国民が「財政難だから仕方ない」とあっさりと増税を受け入れてしまう現状もその延長線上にあります。

そのため、**「国債の発行」という重要な選択肢が最初から抜け落ちている**のです。

私たちは今回のコロナ・ショックをきっかけに、国債に対する考え方も改めていく必要があります。

〝有事〟には〝平時〟のやり方では通用しない

振り返ってみると、安倍政権の緊急経済政策には根本的な問題として**〝スピード〟と〝メッセージ〟そして景気回復への〝道筋〟が欠けていました。**

コロナ感染流行初期の対応として一番大事なのは、景気対策とコロナ感染拡大防止策が一体化していることであり、最優先すべきはコロナ感染拡大を食い止めることです。

そのために国民に外出を自粛してもらう必要があるならば、政府は企業の大小を問わず、社員がオフィスに来なくても自宅で仕事ができるようテレワーク環境の整備の支援をしなければなりません。それと並行して、ヒトが足を運ばなければ売り上げが減少して経営難につながる中小零細企業に対しては休業補償を明確にすべきです。また、休業や外出自粛によって収入が減ってしまう各家庭、個人に対してもひとまず生活を支えるのに十分な額の現金給付も行う必要があります。

これらを迅速に実行するよう宣言し、必要な真水の予算を用意することで、国民に対して「我々はこういう〝道筋〟で人々の雇用を守り、企業の倒産を防ぎ、同時に感染拡大も食い止め、落ち込んだ景気のV字回復を目指していきます。だからみなさん安心して外出を自粛してください」というメッセージを明確に伝えることができるのです。

4月7日になってようやく政府が打ち出した緊急経済対策はそうしたメッセージ性が非常に乏しいものでした。そもそも「世界最大級の事業規模108兆円」というわりには裏付けとなる真水の金額が圧倒的に少なかったので、どんなメッセージを発したところでまったく説得力がありません。

コロナ・ショックで落ち込んだ経済をV字回復させる〝道筋〟にいたってはいまだそのビジョンを示せず、あろうことか財政均衡論者を重職に登用して「コロナ復興税をつくるのでは？」と国民を不安にさせている始末です。

政府が十分な環境と支援を用意せず、いくら国民に外出自粛を呼びかけたところで、背に腹は代えられない人々が今の日本にはたくさんいます。

幸運にも日本は緊急事態宣言解除後もウイルス感染の爆発的拡大を防ぐことができていますが、今後感染流行の第二波が来たり、新たな未知のウイルス感染が流行したりした時に同じような対応をしたならば、次は目も当てられないような結果になるかもしれません。

遅ればせながらも安倍政権が財政出動の面で軌道修正できたことは評価すべきでしょうが、泥縄式の補正予算で戦力を小出しに逐次投入するのは官僚主導の従来通りのやり方、すなわち緊急時にふさわしくない〝平時〟のやり方です。非常事態である〝有事〟には官僚ではなく政治がリーダーシップを発揮してそれに見合った対応をする必要があります。

強いメッセージ性のある政策を打ち出したトランプ政権

一方、日本と対照的なのがアメリカのトランプ政権です。

トランプ大統領は感染流行の初期段階で大規模な財政出動を計画し、3月27日の時点で国民への現金支給や企業支援を柱とする2兆ドル（約220兆円）規模の緊急経済対策法を成立させています。日本の「事業規模108兆円（真水14〜15兆円）」と違い、**ほとんど真水の2兆ドル**（アメリカのGDPの1割に相当）です。

また、それに先立つ3月23日にはアメリカの中央銀行にあたるFRB（連邦準備理事会）のパウエル議長が無制限の国債購入、無制限の資産購入を決め、いくらでもドルを刷る用意があることを国内外に向けて発信しました。いわゆる無制限の量的緩和（通貨の発行量を一定期間増やし続ける政策）です。

他にもトランプ大統領は最大3千億ドル（約32兆円）規模の減税などさまざまな対策を打ち出し、4月末時点で総額約3兆ドル（約320兆円）の過去最大の財政出動を決定。今後さらに議会と話し合い、**「超党派」でその規模を拡大**していこうとしています。

このトランプ大統領の決断力と経済センスはすばらしいと思います。

私は3月の株価暴落の時点から一貫して財政政策と金融政策の一体化が必要だと産経新聞の連載等で主張してきました。すなわち、日銀は無制限に国債購入を増やし、それによっておカネを刷る。そのおカネを財源に政府は財政支出を拡大し、財源に制約されずに必要な政策をどんどん打ち出していくべきだと訴えていたわけです。

それを実行しているのがまさにアメリカのトランプ政権だと言えます。前述の通り、パウエル議長が「ドル資金をいくらでも発行します」と無制限の量的緩和を宣言するのと合わせて、ホワイトハウスのほうでは大型の財政出動を打ち出していきました。財政政策と金融政策の両輪を大胆にフル稼働させています。

これだけのことをすれば、一時的にせよ財政赤字が急激に膨らんでいくのは明白です。しかし、トランプ政権の一連の政策からは、民間の余っているおカネ（消費や投資や雇用に使われずに委縮して凍ってしまったおカネ）を政府が吸い上げて当座の個人・企業支援や景気対策、感染拡大防止対策に使い、甚大なダメージを受けた経済活動を修復して景気のV字型回復につなげていく、という〝道筋〟が見えます。

財政と金融の思い切った拡大によって初めてそれが可能になるわけです。

同時にそれは今後の実行を裏付ける力強い〝メッセージ〟にもなっています。また、トランプ大統領がこれらの政策を打ち出した〝スピード〟もリーダーとして申し分のないものでした。メディアを含め日本側にはトランプ大統領がこうした**「まともな経済政策（＝経済学に基づく理にかなった政策）」**を実施しているという見方が乏しいように思えます。

アメリカは結果的に感染症による死者の急速な拡大を防ぐことはできなかったのですが、緊急時の経済対策に関しては模範的で優秀な対応をしたと思います。一方、日本は感染症死者の増加を最小限に抑えることはできましたが、緊急時の経済対策（特に初期対応）に関してはあまり褒められないものでした。反省を今後に活かすためにも、この点をはき違えてはいけません。

アメリカはコロナ・ショックを乗り越えれば、引き続き「まともな経済対策」によってV字回復を実現できる見込みがありますが、日本は予断を許さない状況です。**隙あらば緊縮財政・増税路線に回帰しようとする財政均衡論者がウヨウヨいる**からです。

アメリカではコロナ後に増税を言い出すような〝馬鹿者〟は政府中枢にいませんが、残念ながら日本にはいる恐れがあります。

何しろ**東日本大震災後に復興特別税を設けたという〝前科〟**があります。

本来なら国債発行で復興費用をまかなうべきところを、未曾有の大災害から立ち直ろうと頑張っている国民に対し、増税で対応したわけですから〝狂気の沙汰《さた》〟としか言いようがありません。

財務官僚をはじめとする彼ら財政均衡論者の存在そのものが日本経済のV字回復の不安要素なのです。

当初、日銀がやっていたのは経済対策ではなく株価対策

アフター・コロナにおける日本経済のV字回復の不安要素をもうひとつあげるとするなら、それは日銀です。

私が見たところ、日本でコロナ・ショックによる経済危機が叫ばれた当初、日銀は株価対策しかしていなかったように思えます。

日銀の黒田東彦総裁が3月16日に打ち出した緊急金融緩和政策は株価指数連動型上場投資信託（ETF）の新規買い入れ年間枠を6兆円から12兆円に増やすというものでした。

ようするにこれは、株価が上がるよう日銀がおカネを刷って株を買うということです。

前述の通り、アメリカではそれとほぼ同じタイミングでFRBのパウエル議長が無制限の国債購入を決定しています。

「この危機を乗り越えるためにいくらでもドルを刷るぞ」というメッセージを発信したFRBのパウエル議長に対し、日銀の黒田総裁が打ち出したのは「おカネは刷るけどそれは株価を支えるためのものだよ」というメッセージだったわけです。

はっきり言ってこれは「経済対策」の名に値するものではありません。「緊急株価対策」とでも称したほうがしっくりきます。日銀が巨大株式投資ファンドになったようなものです。

ひと昔前なら、日銀総裁は「法皇」とまで呼ばれ、記者たちは会見場に総裁様が現れる時には、「全員起立、礼」という具合でした。

日銀には、おカネを刷り、資金の供給を受けた民間金融機関が融資を拡大して経済成長を促すという大切な役割があります。そのため、「最後の貸し手」や「物価の番人」とも呼ばれました。株価が下がったときの対応を質問しようものなら、「株価対策なんてもってのほかだ。汚らわしい！」と言わんばかりにじろりとにらみつけられたものです。

日銀が3月16日に緊急金融緩和政策を打ち出した1週間ほど後、私は都内某所でたまたま某日銀幹部に出くわしたので「コロナ恐慌だというのに、株買いで済ませるとは、日銀も大口投資家になってしまったんだね」と皮肉を言いました。すると、彼は「いや、国債をいくらでも買うつもりはありますよ」としきりに弁解していました。

日銀がカネを刷ってETFに投資すれば、ETFを通じて株式市場に巨額の日銀資金が流入するため、当然株価は上がります。しかし、それは通常の需要と供給の関係による株価上昇ではないので、効果は長続きしません。痛み止めの麻酔を打っているようなものです。

もっとも、日本は資本主義社会ですから、基本的には株価が上がるのは良いことだと言えます。株価が下がり過ぎると私たちの年金を運用しているＧＰＩＦ（年金積立金管理運用独立行政法人）が破綻するなどさまざまな弊害が生じますから、株価を下げないにこしたことはありません。株価下落局面では個人も機関投資家も逃げ腰になりますから、株価を下支えしてくれる日銀は彼らからするとまさに〝救世主〟でしょう。

なので、私も日銀が株価対策をすることを全否定するつもりはありません。ただ、いかにもそれが日銀の政策の〝本筋〟であるかのように言われると、「何をバカなことを」と言いたくなります。

特に今回のコロナ・ショックのような緊急事態時に日銀が打ち出すべき経済対策の〝本筋〟はやはり無制限の国債購入です。日銀の本格的な量的緩和政策を政府の財政出動と組み合わせることが最も重要なのです。

「日銀もひと月以上後になって無制限の国債購入を決めたのだからよかったじゃないか」と思われるかもしれませんが、まだ安心はできません。

確かに日銀の黒田総裁は４月27日の記者会見で「政府の緊急経済対策で国債が増発されるこ

とを踏まえ、買い入れ上限を設けずに必要な額の国債を購入する」と表明しました。これを多くのメディアが「日銀もFRBのパウエル議長に追随して無制限の国債購入を決めた」という見方で報じました。

しかし、パウエル議長と黒田総裁、両者が表明した「無制限の国債購入」は、実は中身が異なります。

パウエル議長の「無制限の国債購入」には、トランプ政権が景気の落ち込みを最小限にし、さらに経済のV字型回復を目指して、大規模な財政出動を行う。その際、無制限にまで増発されるかもしれない国債をFRBが市場から買い上げて、国債相場を安定させる用意がある、というニュアンスがこめられています。

一方、黒田総裁は当日の記者会見で質問を受けて「長期国債の金利をゼロ％程度で安定させるために必要なだけいくらでも買う」と追加で説明していました。ようするに、国債ゼロ金利を維持するための「無制限の国債購入」なのです。

日本の場合、銀行や生保など金融機関の国債需要が大きいので、日銀が積極的に国債を購入しなくてもゼロ％金利を維持できます。国債購入のターゲットがゼロ％金利維持ではアメリカのようなスケールの大きい金融緩和は期待できず、これまで通りの戦力の逐次投入の域を出ません。戦力を小出しにするようなやり方ではやはりインパクトに欠け、メッセージ性も弱くなります。

米欧の指導者が一様に第二次世界大戦後最悪と恐れるコロナ・ショックについて、**日本だけが財務省、日銀という組織の論理に振り回され、国家経済の命運を左右する財政・金融政策を決めています。**これでは平時の経済政策をわずかに拡げただけで、効果に乏しいカネの使い方しかできません。こんな調子では、日本だけがコロナ・ショックによる不況から脱出できなくなる恐れあります。

V字型の回復を達成するのは、政府の当然の責務

根本的な問題として日本に欠けているのは、社会や経済の危機的な局面の際には、**財政と金融の両輪を組み合わせて力強く回転させるという政治サイドの決意**です。それは今回のコロナ・ショックに限った話ではありません。リーマン・ショックの時もそうでした。世界経済が打撃を受け、各国がそこから財政・金融の拡大によってV字回復（あるいはそれに近い回復）を実現していくなか、日本だけがその波に乗り遅れ、経済停滞の一途を辿っているのです。「V字」ではなく、経済が落ち込んだまま横ばいで上がらない「L字」になってしまっています。コロナ・ショックでも同じ失敗をすれば、今度はL字どころではすまないかもしれません。

景気は〝気〟ですから、景気を回復させるには長年の景気低迷とコロナ・ショックで落ち込んだ**国民の〝気分〟も回復**させる必要があります。

これまでの政府の緊急経済対策は企業や家計の支援、経済的な弱者の救済が中心でした。当然それらも大切ですが、ゴールはやはり経済成長でなければなりません。そのためには、もっと惜しみなくカネを使う必要があります。

日本にはカネがあり余っています。

日銀統計によれば、2019年末で政府純金融負債679兆円に対して、家計と企業（金融機関を除く）の現預金合計はなんと1288兆円。政府の債務よりも国民の預貯金のほうがおよそ590兆円も多くあります。

国内で使われないおカネは「輸出」、すなわち金融機関等を通じて国外に投資されて対外債権になります。財務省の統計によると、2019年には日本の対外純債権が過去最高、世界第一位の364兆円5250に達しました。

これが、日本が世界一のカネ貸し国たるゆえんです。

しかも、日本円は、ドルや金といつでも交換できるハードカレンシー（信頼度の高い国債通貨・決済通貨）なのです。

その豊富なカネ資源をもってすれば、日本は国債発行でコロナ・ショックを楽々と乗り切れるゆとりがあります。思い切って１００兆円の国債を発行したところで、国内に余っているおカネだけで十分にまかなえるのです。インフレを心配する声もあるかもしれませんが、もともと20年以上も需要不足で慢性デフレが続いているので、インフレ懸念は微塵《みじん》もありません。

問題は政府や日銀にこの世界最大のカネ資源を国内向けに活用してコロナ・ショックからの克服や脱デフレ・経済再生を実現する意思があるかどうかです。当然それには政治的な決断が必要ですから、結局は政治家たちにやる気があるかどうかにつきます。

まず政治家が発信しなければならないのは「コロナ・ショックからのV字回復を絶対に実現する」という国民に希望を与える〝メッセージ〟と、そのための具体的な〝道筋〟です。トランプ大統領を見てもわかるように、それを絶えず発信し続けるのは政治家として当然の姿勢です。官僚が用意したペーパーをただ読み上げているだけでは経済成長に対する意欲や情熱がまったく伝わってきません。そもそも、それを用意した官僚たちは経済成長のことなど考えていないわけですから。

細部にこだわる官僚たちに任せていては政策に必要な〝スピード〟も失われてしまいます。緊急事態だと言っておきながら、国民に10万円を配るだけでモタモタしていたことは記憶に新しいところです。

そもそも当時、現金給付以前に議論されるべきだったのは**「消費税の減税」**でした。

国民一人当たり10万円の一律現金給付の総額は、日本の人口を1億2600万人とすると12・6兆円。これは日本の家計の平均年間消費額約300兆円のおよそ4％に相当します。ということは、大雑把《おおざっぱ》に計算して、**全国民に10万円を配るのは、1年間に限り消費税を5％に戻すのとほぼ同じこと**です。

ならば面倒な手続きの国民一律の現金給付よりも消費税を減税したほうがスピーディかつシンプルに同じような生活支援の効果が得られます。もちろん、10万円の現金給付が不必要だったと言いたいわけではありません。まずは消費税を減税して、緊急事態の生活支援にひとまず〝スピード〟重視で対応し、あとから現金給付を行って支援を手厚くしていくこともできたということです。

消費税は、減税する場合に限っては、公平・公正な税です。消費税の増税は高所得者よりも低所得者のほうが負担の大きくなる逆進性があり不公平です。しかし、その税率を大幅に下げることは、低所得者や、子育てで大変な現役世代の負担軽減につながります。そういう意味でも景気回復・経済成長のために消費税の税率を下げていくことは重要なことです。日本経済再生のめどが立つまでは、継続して消費税率を少なくとも5％まで下げるべきだと私は考えています。思い切って消費税率を0％にしても、必要な財源は国債で調達できます。

これまでの緊急経済対策のような戦力を小出しにするやり方では国民の〝気分〟は変化しま

せん。それは過去の大型補正予算の例からも明らかです。

景気回復につながるほど国民の〝気分〟を回復させるには、財政政策と金融政策の両輪をフル稼働させ、合わせて消費税の減税を行うくらいのインパクトのある政策を打ち出す必要があります。

それぐらいしなければ、コロナ・ショックからのV字回復と、それに続く日本経済復活への〝道筋〟を国民に示すことなど到底できないでしょう。

第2章

日本の常識は世界の非常識？
ビフォー・コロナの日本を振り返る

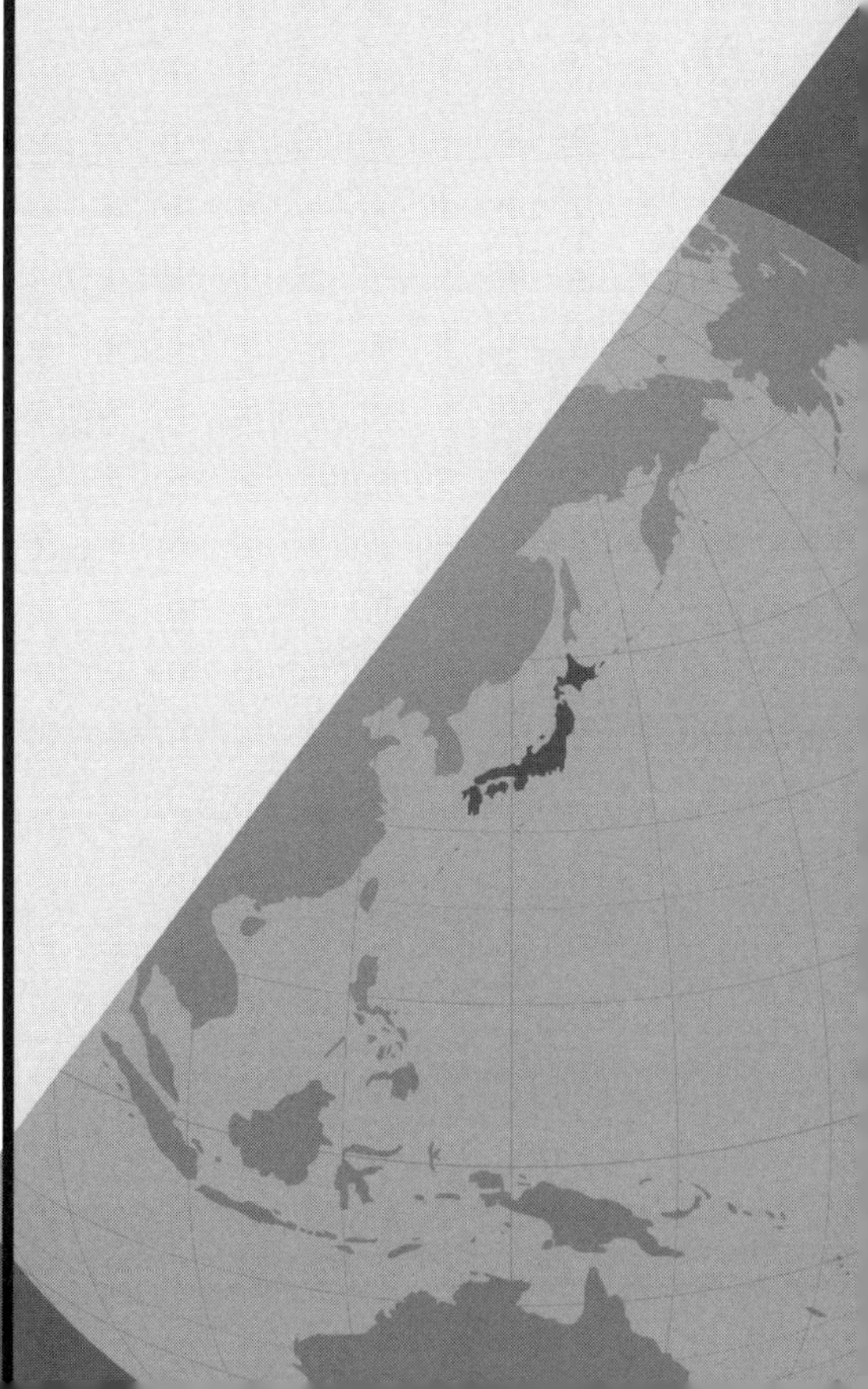

デフレ不況下なのに増税する気の狂った政策

私たち国民が認識しておかなければならないのは、日本経済が新型コロナウイルス流行以前からすでに、**2019年10月の消費税の増税によって大ダメージを受けていた**という事実です。

2019年10月～12月期の**GDPは前期比年率換算で7・1％減。これは東日本大震災直後を上回る景気急落**です。そして、これから先も景気の低迷が続くのかと思われていた矢先に、コロナ・ショックが襲い掛かりました。経済成長のマイナスが長引く最悪のタイミングだと言えます。

政府は2019年10～11月期の大幅な景気の落ち込みの主な原因を、10月12日に日本に上陸した台風19号で農作物や道路などのインフラがダメージを受けたためだと説明しています。

しかし、それは〝ウソ〟です。

「令和元年東日本台風」と命名された通り、台風19号の被害は東日本に集中していました。しかし、当時は台風の直撃を受けていない西日本も消費が激しく落ち込んでいました。ですから、政府の説明はその事実にそぐわない。

景気を落ち込ませた**〝犯人〟は、明らかに消費税の増税**なのです。

そもそも家計の消費意欲は、2014年4月に消費税率が8％に引き上げられた時から減退していました。それがさらに2019年10月の消費税率10％への増税で致命的なまでに委縮したわけです。しかし、日銀も財務省もその事実を無視しています。

増税をして、緊縮財政をして、景気が悪くなったら、補正予算を組んで小出しの対策をする——これがいつもの財務省のやり方ですが、それで景気がよくなったためしなどありません。

財務官僚OBの黒田東彦日銀総裁や、財務省の御用経済学者たちは金融緩和によって消費税増税にともなう需要減をカバーできると安倍首相に唱和しました。しかし、それが真っ赤なウソであったことはすでに明らかになっています。彼らはそれに対して恥じ入ることも、反省の意を示すこともしていません。

コロナ・ショックのインパクトでうやむやになっていますが、日本の場合、デフレ不況下での消費税増税を繰り返し、新型コロナウイルス以前から個人消費を押し下げてきたわけです。にもかかわらず、コロナ・ショックで家計がどのようなダメージを受けようとも消費税率10％という〝足かせ〟を外そうともしません。

おそらく政府（財務省）や財務省の御用学者やマスコミは当分の間、日本経済のマイナス成長を新型コロナウイルスのせいにすることでしょう。

そのような論調にだまされてはいけません。

日本経済のマイナス成長は、今も昔も〝人災〟なのです。

なぜデフレは〝国難〟なのか？

ここで改めて長年日本経済を苦しめているデフレについて考えてみたいと思います。

デフレ（デフレーション）は、経済学上の定義で言うと、物価の下落が将来にわたって続く状況を指します。

しかし、そんな教科書的な説明ではおそらく「物価が下がるのはいいことじゃないか」と考える人も出てくることでしょう。それではデフレが日本の〝国難〟であるという事実が認識できなくなります。

過去の統計データから見えるデフレの〝正体〟は、物価の下落をはるかにしのぐ速度と幅で国民の可処分所得（消費や貯蓄に回せるおカネ）が下落している状態です。

「モノの値段が下がる以上に賃金（収入）が下がる」と言ったほうがわかりやすいでしょうか。

では、そのような状況下で消費税を増税すると、どうなるでしょうか。

<グラフA>

日本の物価と賃金(1997年＝100)

データ：IMF、CEIC

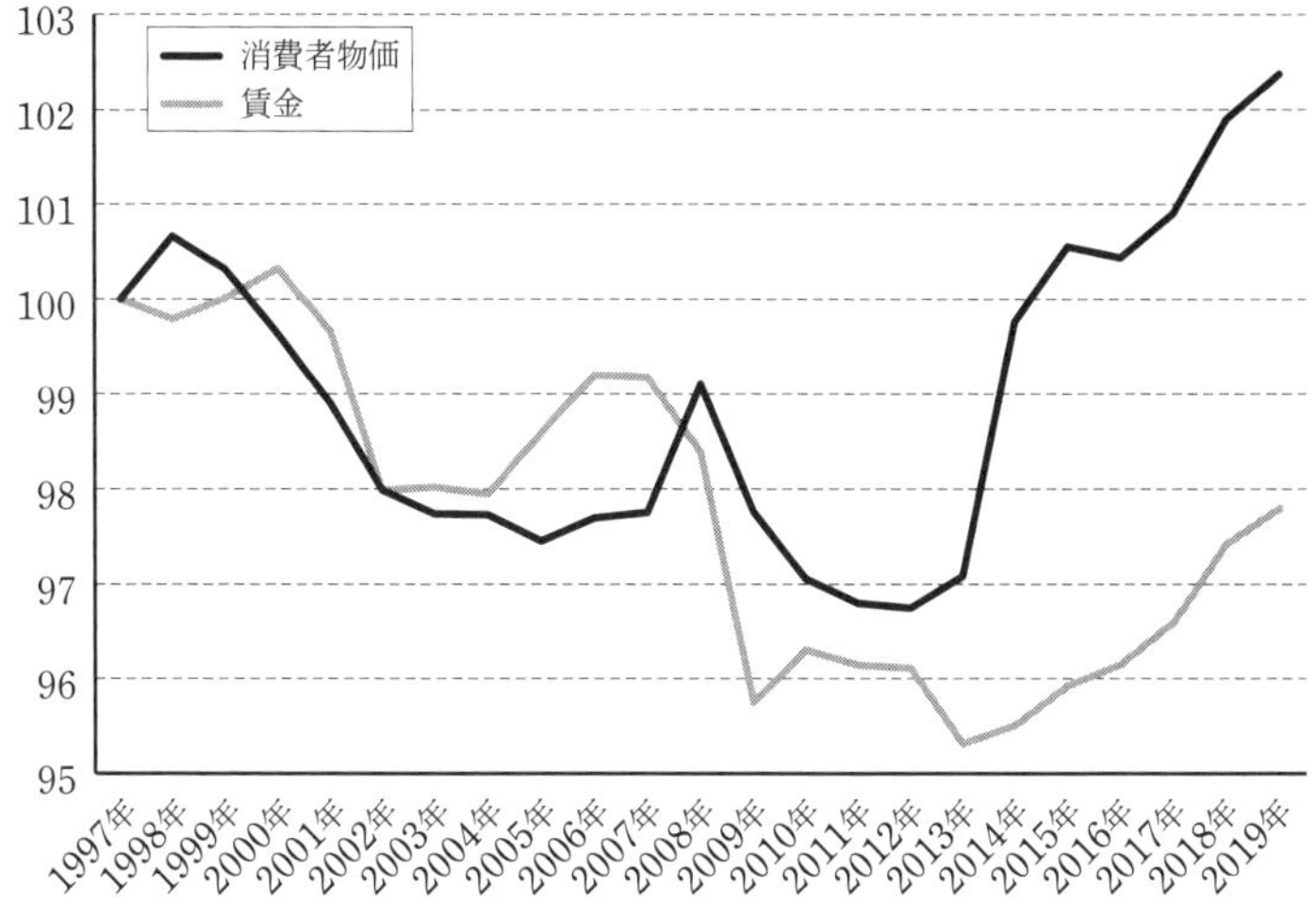

<グラフB>

雇用者月収と消費者物価の推移

データ：総務省、厚生労働省

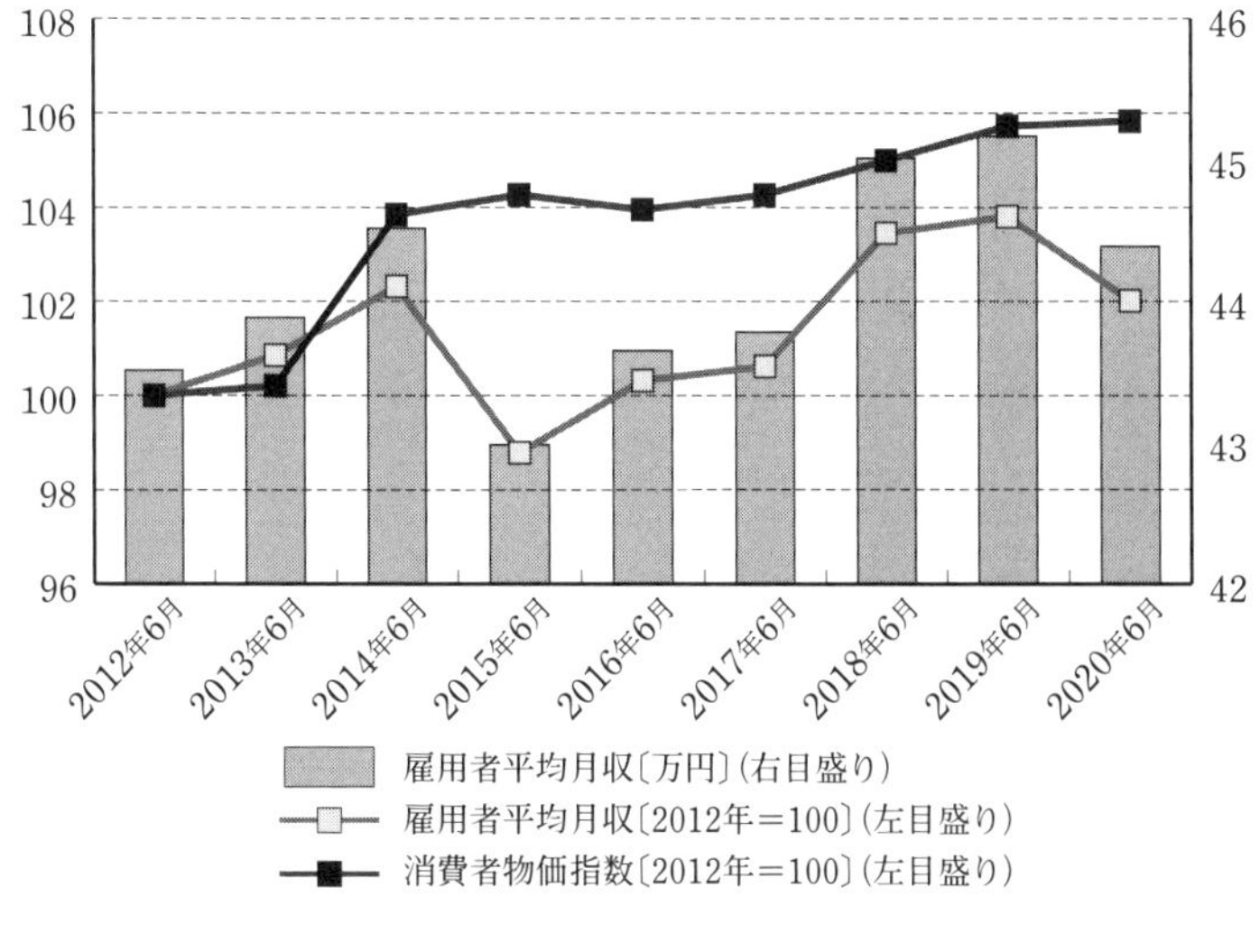

前ページのグラフAは4月に消費税が3％から5％に引き上げられた1997年以来の賃金と消費者物価の年間ベースの各指数で、国際通貨基金（IMF）のデータをもとにしています。グラフBは厚生労働省による雇用者月収統計が始まった2012年から2020年を対象に、各年の6月時点を基準に雇用者月収と消費者物価の推移を追っています。

2012年12月に第二次安倍晋三政権が発足し、「脱デフレ」と「日本経済再生」を目標にしたアベノミクスが始まったのですが、消費税率は2014年4月に8％、2019年10月に10％へと引き上げられました。月収が伸びてきたと思ったら、消費税増税が実行され、そのたびに月収が落ち込む様子がわかります。2020年の場合は、3、4月から中国・武漢発の新型コロナウイルス・ショックに見舞われたのですが、前年10月からの消費税増税と合わせたダブル・ショックになったわけです。

A・Bいずれのグラフも、**賃金が上がらないのに増税で物価だけが上がり、実質賃金が下がっているる**ことを示しています。増税で消費や投資も委縮してしまい、企業の収益も減っていきます。

また、物価を下げるデフレ圧力が続く間は、企業も人件費を抑えるので、賃金もなかなか上がりません。一方、フリーターやパートタイマーなど非正規の雇用者は増え続けているので、所得の格差はますます広がります。

アベノミクスは雇用情勢を大幅に好転させたことは間違いありませんが、2020年1～3

月の平均雇用数を7年前と比較すると、正規220万人増に対し、非正規280万人増と、非正規雇用主導のトレンドは相変わらずなのです。

しかも、正規の実質平均賃金も下がっています。

このようにデフレ経済下では、国にとってもっとも重要な、将来を担う若い世代、子育て世代、勤労世代がどんどん元気を失ってしまいます。それらの世代が元気を失えば、人口減少が進み、高齢者が増え、社会保障の問題も深刻化するという悪循環に陥ってしまいます。

デフレ下での消費税の増税は、そんな〝負のスパイラル〟を生み出すことになるのです。

常識的な経済政策さえ実行できない日本

消費税に限らず、**増税は基本的にデフレ推進政策**です。

国債や通貨という金融資産は、インフレで目減りし、デフレで価値が上がります。

欧米や中国、その他の新興国がインフレ政策をとっているなか、日本だけが増税というデフレ促進策をとっていると、世界的なインフレ傾向のなかで日本だけがおカネの価値を引き上げることになります。

「おカネの価値を引き上げる」と聞くとまるで良いことのように思われるかもしれませんが、ようするにこれは〝円高〟になるということです。

円高はデフレとともに日本経済を長年にわたって苦しめてきました。特に2008年9月のリーマン・ショックの直後には1ドル80〜70円台の超円高が長期間続き、日本経済を奈落の底に突き落としました。

では、あの超円高の最大の要因はいったい何だったのでしょうか。

答えは**「日銀が何もしなかったから」**の一言に尽きます。

リーマン・ショック後、アメリカやヨーロッパ各国は、おカネを継続的にどんどん刷る量的緩和政策や、ゼロ金利政策などのインフレ政策を打ち出していきました。アメリカの中央銀行にあたるFRBはドル資金を大増刷し、2011年6月までにベースマネー（中央銀行の資金供給量。マネタリーベースとも）をリーマン・ショック前の3倍以上に増やしています。主要国の中央銀行もこのFRBの動きに追随してベースマネーを増やし、デフレ不況に陥るのを免れました。

しかし、この時、日銀だけはFEBに同調せず、ベースマネーを増やしませんでした。

当時の日銀総裁は「量的緩和」という言葉すら忌み嫌っていた白川方明《しらかわまさあき》氏です。白川総裁は「金融政策ではデフレを解決できない」という独自の理論に固執していました。

リーマン・ショック以降の日米欧の中央銀行資金供給（2008年9月=100）と円相場

データ：IMF、CEIC

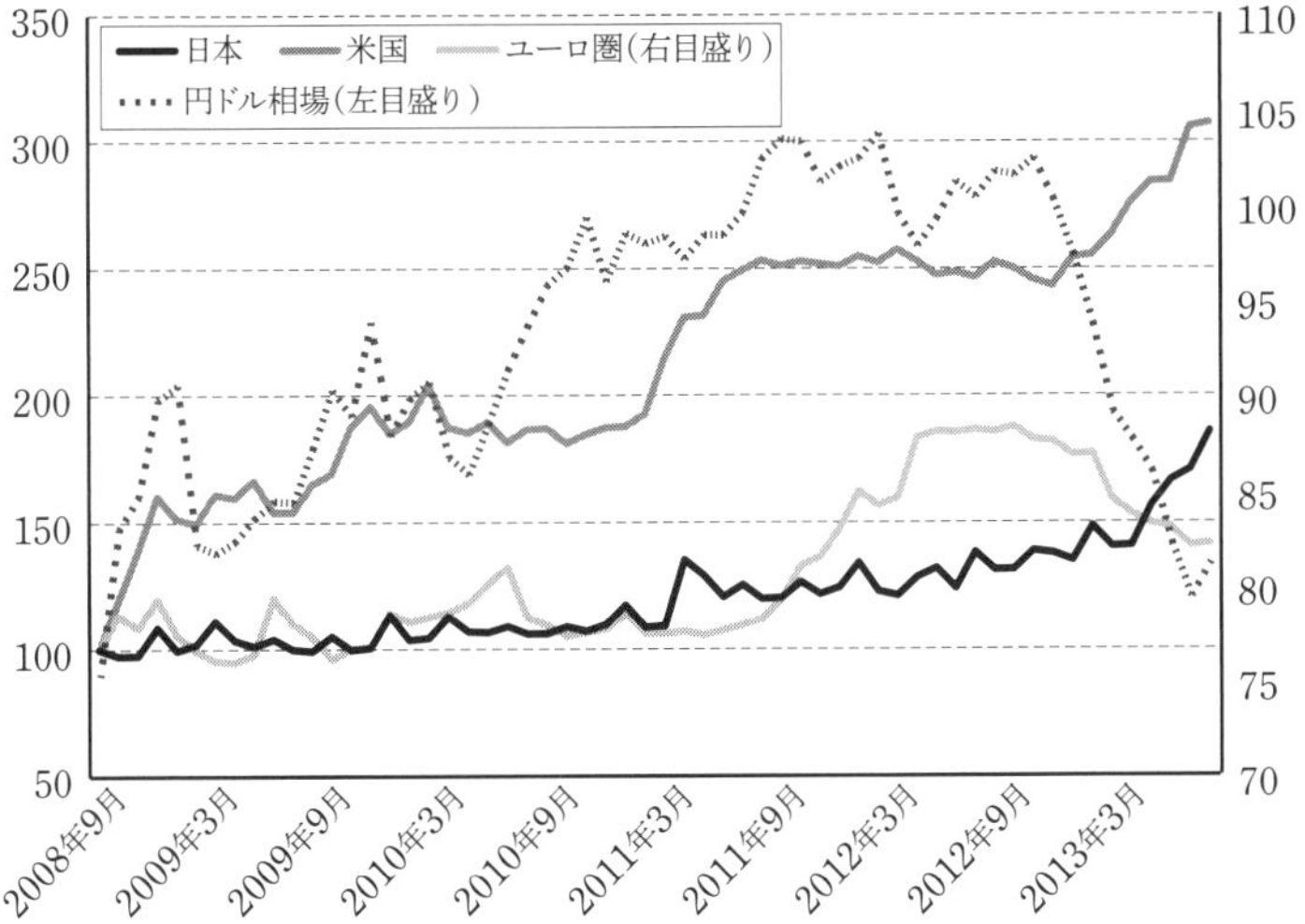

私は当時、産経新聞朝刊1面で「日銀よ、どこに行った？」という見出しの記事を書き、「主要国がカネを刷るなかで日銀だけがカネを刷らないと、とんでもない災厄が日本経済に降り注ぐぞ」と警告しました。

しかし、その後も白川総裁は動きませんでした。驚くべきことに、**２０１１年３月11日に東日本大震災が発生するまで、まったくと言っていいほど日銀はおカネを刷らなかった**のです。しかも、大震災時の緩和はほんの一瞬であり、2カ月後に引き締め気味の政策に回帰しました。その結果として起きたのが、**記録的な超円高**です。

東日本大震災という未曾有の災害に見舞われながらも円高傾向が止まらず、同年10月31日には1ドル75円32銭の戦後最高値を記録。この超円高によって輸出産業が大打撃を受け、デフレ不況に見舞われました。

日銀が必要な時に必要なカネを刷らなかったばかりに、日本はリーマン・ショックの〝本家〟であるアメリカや、リーマン・ショックとともに不動産バブルが崩壊したヨーロッパよりもはるかに激しく景気が落ち込んでしまったのです。

アベノミクスを〝殺した〟犯人とは？

2012年12月に民主党から政権の座を奪い返した安倍晋三首相の勝因は、日銀の量的緩和を大きな柱とする経済政策、いわゆる「アベノミクス」を提唱して幅広い有権者の支持を集められたことにあります。

安倍政権の誕生によって日銀総裁は白川方明氏から現在の黒田東彦氏に代わり、ようやく日銀も金融緩和に踏み切りました。

その結果、長く続いた円高局面を脱することに成功し、今日のように1ドル＝110円前後の水準で相場は安定するようになったというわけです。

あらためて説明すると、アベノミクスとは、

①大胆な金融政策（第一の矢）
②機動的な財政出動（第二の矢）
③規制緩和によって民間投資を喚起する成長戦略（第三の矢）

という**「三本の矢」でデフレ脱却と富の拡大**（開始後10年間平均で名目経済成長率３％）を目指すという経済政策です。

第一の矢は「異次元の金融緩和（異次元緩和）」とも呼ばれ、第二の矢の財政出動と組み合わせて経済を成長させていくことが狙いです。

私は安倍政権発足以前から金融・財政の両輪をフル稼働させることの必要性を訴え続けてきたので、アベノミクスがこの点を打ち出したことに当時非常に勇気づけられました。

一方、第三の矢に関してはかなりあいまいな印象を受けました。

確かに、規制緩和で戦略特区をつくって自由なビジネスを活発にするという具体策がこの第三の矢にはあります。

しかし、果たしてそれがどれだけ経済成長に結びつくのかということは、まったくもって証明できません。ゼロ％台の成長しかできないデフレ不況のなかで規制緩和を進めても一部の優位なグループにとっての利権になりやすいという弊害も生じます。

リーマン・ショック後の円相場と株価の推移

データ:CEIC

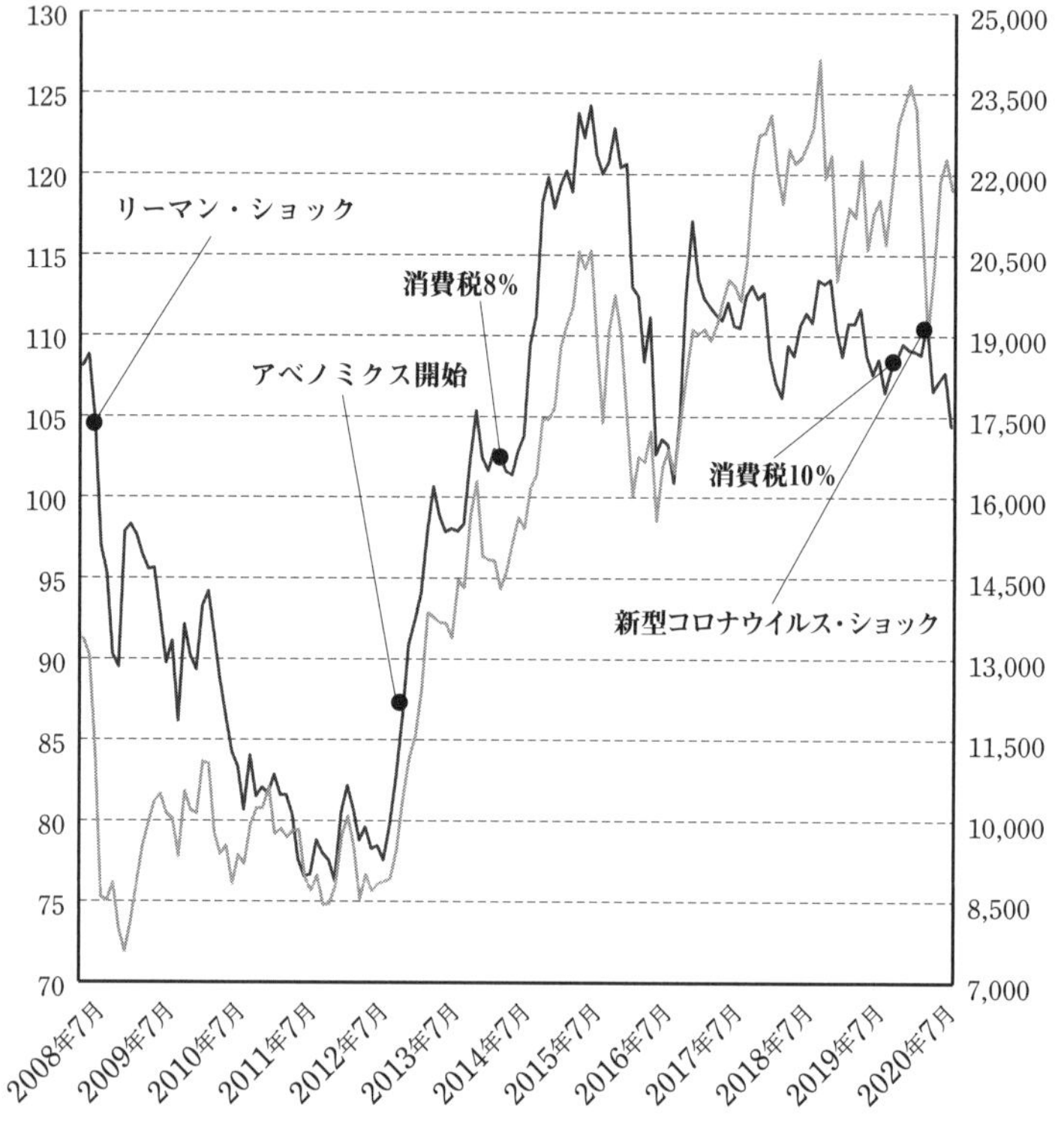

「これはろくなことにならないのでは？」と思っていたら、案の定、モリカケ問題など安倍首相の立場を悪くする話が出てきました。

それを踏まえると、本来アベノミクスのコアになるべき部分はやはり金融と財政の両輪です。その点で私はアベノミクスに当初期待していました。

しかし、始まって2年目の2014年4月、安倍首相は消費税の増

市場のお金を増やして
デフレ脱却！
政府支出で
スタートダッシュ!!
規制緩和で
ビジネスを自由に!!!
持続的な
経済成長
（富の拡大）
国内総生産※1
成長率3％※2
第1の矢
大胆な金融政策
金融緩和で流通するお金の量を増やし、デフレマインドを払拭
第2の矢
機動的な財政政策
約10兆円規模の経済対策予算によって、政府が自ら率先して需要を創出
第3の矢
民間投資を喚起する成長戦略
規制緩和等によって、民間企業や個人が真の実力を発揮できる社会へ
※1 国内で生み出された付加価値の総額
※2 物価変動の影響を含めた値の今後10年間の平均

首相官邸HPにあるアベノミクス「3本の矢」の解説
出典：首相官邸ホームページ（https://www.kantei.go.jp/jp/headline/seichosenryaku/sanbonnoya.html）

税（5%から8%へ）に踏み切ってしまいました。

　これが大失敗のもとです。

消費税率を一気に3%も上げるのは、消費税率の高いヨーロッパでもあまり例がありません。なので、財務官僚たちの一部は「3%も上げたら大変なことになるかもしれない」という危惧《きぐ》の念を実は抱いていたと言います。ところが、財務省の上層部には「今の民主党政権は我々の意のままだ。このチャンスを絶対に逃してはならない」という強い意志がありました。民主党の野田佳彦《よしひこ》政権は財務省が書いたシナリオ通り、自民・公明両党を巻き込んだ「3党合意」による消費税増税法案を成立させました。その後、政権を取り戻した安倍政権もこの3党合意の既定路線通り、増税を実施する羽目になったわけです。

　さらに悪いことに、アベノミクスは初年度こそ第二の矢である財政出動を拡張したのですが、消費税の増税に踏み切った2014年度にはなんと公共事業を次々とカットし、その他の予算もどんどん削るという緊縮財政をいきなり実施しました。
当然、それによって経済は再び失速。デフレ圧力が高まり、現在にいたるわけです。

〝増税〟と〝緊縮財政〟という最悪の組み合わせ――デフレ不況下では絶対にやってはいけない2トップを組み合わせてしまったことで、デフレ脱却・日本経済復活を実現する可能性を秘めていたアベノミクスは完全に〝殺された〟のでした。

緊縮財政が日本を滅ぼし、日本人の富を奪い続ける

安倍政権は2013年度だけは財政出動を積極的に行って拡張型財政にしましたが、翌年度からはいきなり緊縮財政路線に転換しました。その後どれくらいの緊縮をやってきたかを知る一つの目安として、アベノミクスが本格的に始まった2013年度と、2018年度の政府の一般会計（決算ベース）を比較してみたのが次ページのグラフです。2018年度を基準にして、それぞれの項目が2013年度に対して何がどれだけ増減したかを比べています。
税収は景気が良くなった影響もあって13兆円以上アップしています。また、そのうちの消費税収も増税によって7兆円ほど増えています。

2018年度 政府一般会計主要項目の2013年度比増減額（兆円）

データ：財務省、CEIC

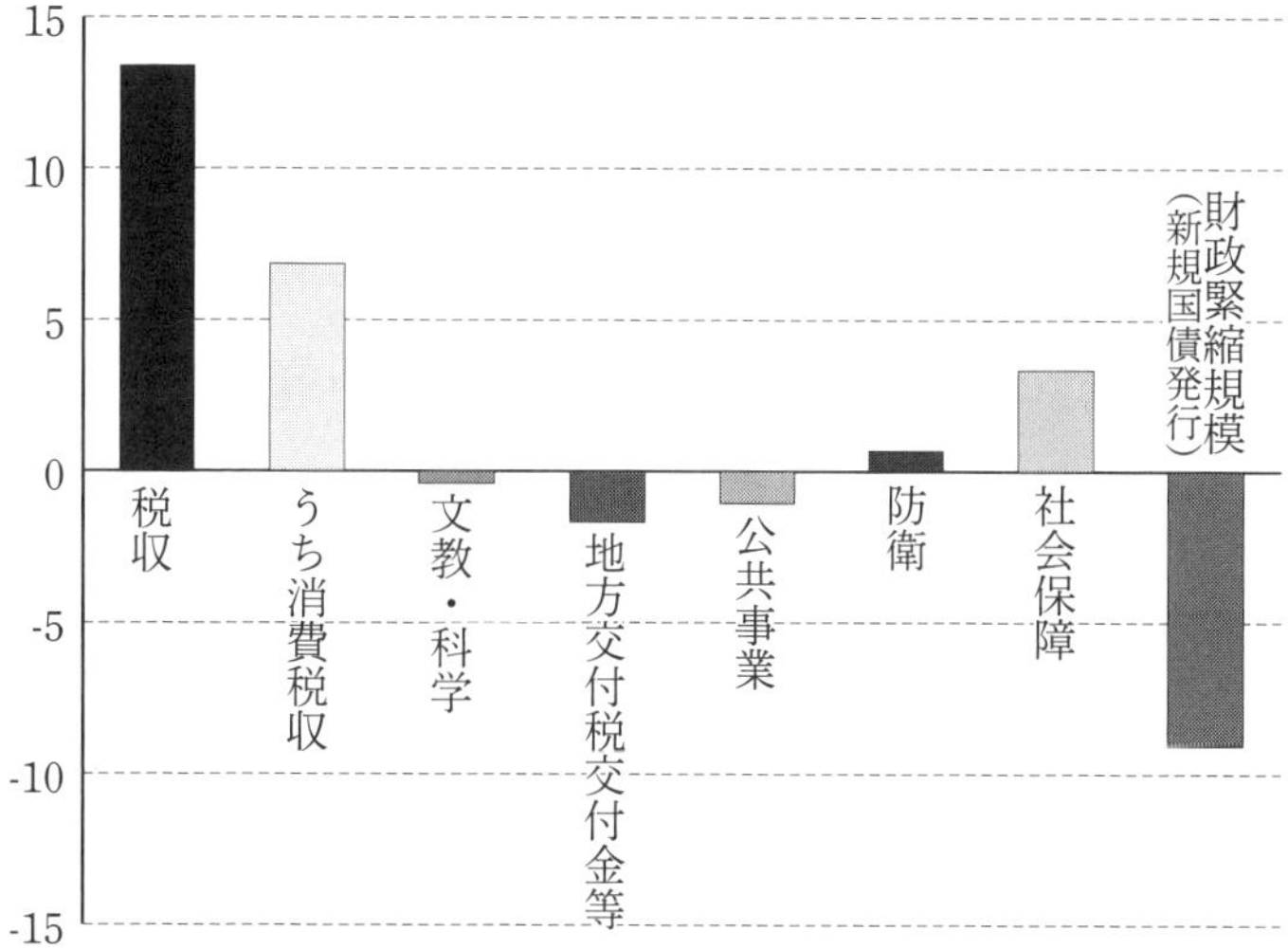

税というのは民間（国民経済）から政府が吸い上げたおカネです。しかし、吸い上げるだけでそのおカネを民間に返さなければ、経済は死んでしまいます。国から税ばかり吸い上げられて自分たちに何も返ってこなければ、どんな国であろうとも国民は疲弊し、活力を失ってしまいます。

だから、**本来経済を成長させるためには、最低でも国民から吸い上げた税に相当する額を国民に返さないといけません。**その国民に返す手段というのが財政政策です。財政政策を通じて教育、防衛費、基礎研究、公共投資などに政府がカネを使い、国民の生活がより豊かになるように還元していくのです。

現在日本では社会保障費が大きく膨らんでいます。これはまさに高齢化によるもので、社会の構造上、避けがたい現象です。

財務省が考えているシナリオは、税収が増えても国民には返さない。税収が増えた分の一部は仕方がないから社会保障費に充当する。文教・科学、地方交付金、公共事業などの肝心な分野はカットしていく、というのが基本路線です。

たとえそれでも税の増収分の全額を国民に還流させているのであれば、おそらく経済に与えるマイナスの影響はかなり軽減されるはずです。あくまで机上の計算ですが、税金を100吸い上げて国民に100返せば、経済の成長率そのものはニュートラル、すなわち上がりもしなければ下がりもしない状態になります。

しかし、財務省が実際に何をやってきたかと言うと、国民に返さなかった増収分のおカネを新規発行国債の減額に回しているわけです。先のグラフを見ると、2018年度は2013年度に比べて9兆円も減額されています。

これが「緊縮財政」と呼ばれるものです。

よく誤解されるのですが、全体の予算が増えるのを拡張型財政と言うわけではありません。メディアのなかでも「予算規模が大きく膨らんでいる。だから拡張型財政だ」などというトンデモない認識が横行していますが、同じ記者として情けない限りです。

ようするに、「緊縮」であるか否かは、「財政規模の大小」ではなく、「国民から吸い上げた税金をどれだけ国民に返すか」で決まります。

吸い上げた分の一部しか返さないというのは、まさに緊縮財政です。

国民の所得が増えないのも、国内投資が活発にならないのも、デフレ不況下で緊縮財政を実施していることが背景にあります。

2019年10月の台風19号の時のように、自然災害の被害が大きくなってしまうのもそうです。インフラの整備・修復にしっかりと政府がおカネを使ってこなかったことのツケが回ってきたと言っても過言ではありません。また、防衛に関しても、近年の中国の動向を踏まえるならもっとおカネを使うべきでしょう。このように安全保障の問題も含め、いろいろなところで緊縮財政の弊害が起きてしまっているのです。

経済をまったく理解していない政治家と官僚たち

一方、緊縮財政で財政を引き締めても、おカネをどんどん刷って金利を下げれば景気は良くなるという意見もあります。

確かに机上の計算のうえでは、中央銀行である日銀がおカネを刷って民間（金融機関）に流して金利を下げていけば、住宅ローンや消費者ローンの金利が下がり、企業の設備投資の借り入れコストも安くなります。その結果、消費や国内投資も活発になり、景気が良くなると思われがちです。

では、安倍政権がアベノミクスの第一の矢である異次元の金融緩和を緊縮財政下で実施した結果、何が起きたかを振り返ってみましょう。

「異次元」の名の通り、空前絶後の規模でおカネがどんどん刷られ、金利は下がりに下がってマイナス金利といわれる状況にまでなりました。

あの時、大量に刷られたカネはどこに行ったのでしょうか。

景気が刺激されて経済成長に結びつくカネの使われ方とは、我々の家計や企業の懐《ふところ》に直接カネが流れ込み、それが消費や設備投資に使われ、国内のカネの循環が良くなって国民全体の暮らしが豊かになっていく、という形のものです。ようするに、**ヒトや企業の消費・投資行動におカネが結びついてこそ、初めて経済は成長**します。

では、異次元の金融緩和の結果、そのような形で我々の暮らしは豊かになったでしょうか。

もちろん、なっていません。

ということは、異次元の金融緩和で大量に刷られたカネは、我々の暮らしとは別のところに流れ、**経済成長に結びつかない使われ方をした**というわけです。

＜グラフA＞ 2012年末に対する対外金融資産、日銀資金、対外直接投資資産の増加額（兆円）

データ：CEIC

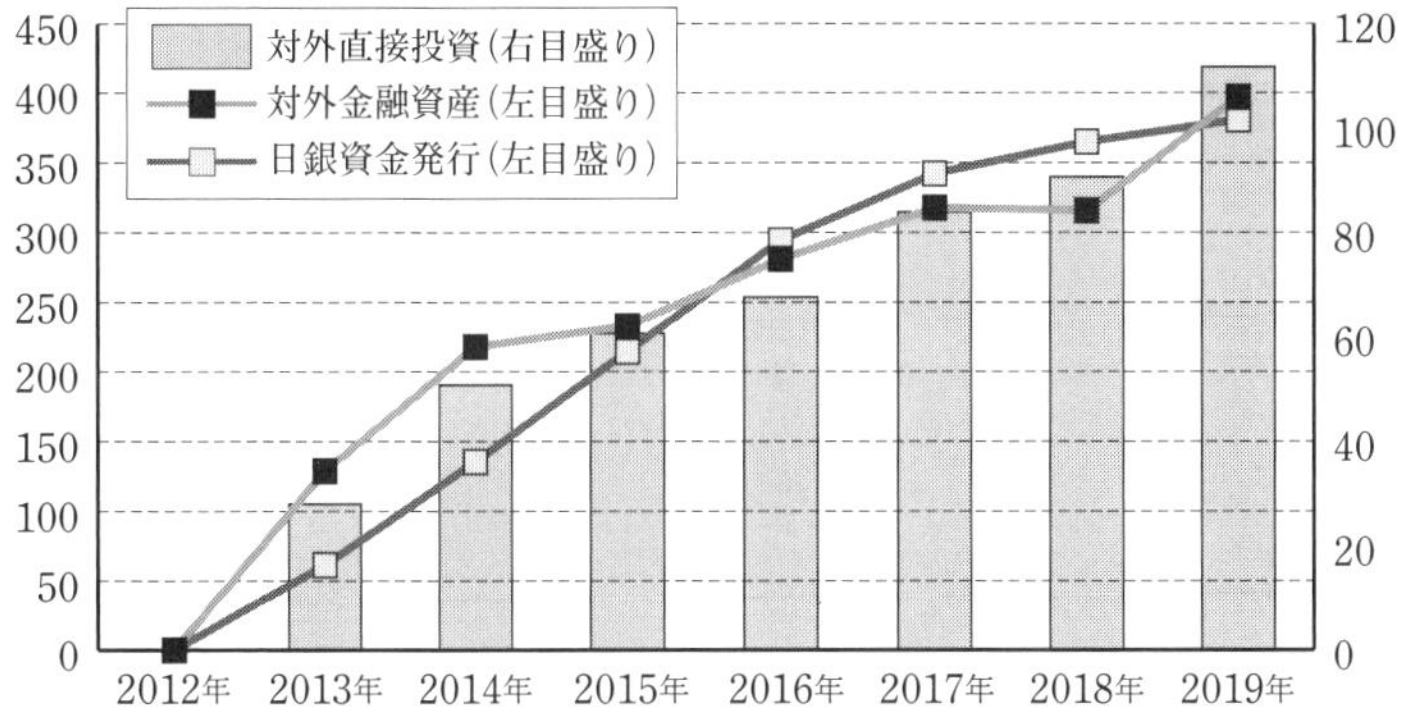

現代の経済は、モノ・サービスを生産・買売する〝実体経済〟と、預金や株・為替の取引などが行われる金融市場を中心とした〝金融経済〟に分かれています。

我々の実生活に深くかかわっているのが日本国内を中心とする実体経済であり、その規模を表す数値が経済成長の指標となるGDPです。一方、金融経済は今やグローバル化し、簡単に国境を越えて大規模な取引が行われています。

結論から言うと、異次元の金融緩和によって大量に刷られたカネは、我々の暮らしと経済成長につながる国内の実体経済には流れず、海外と結びつきが強い金融経済のほうに流れていきました。また、**企業は企業でそこで得たカネを国内に投資せず、海外企業のM&A（買収・合併）などを通じて海外に投資**していきました。

これがアベノミクス以降の日本で起きていることです。

日本銀行は2012年から2019年末までに約

<グラフB>　**日銀資金供給と、株価とGDPの推移**

データ：内閣府、CEIC

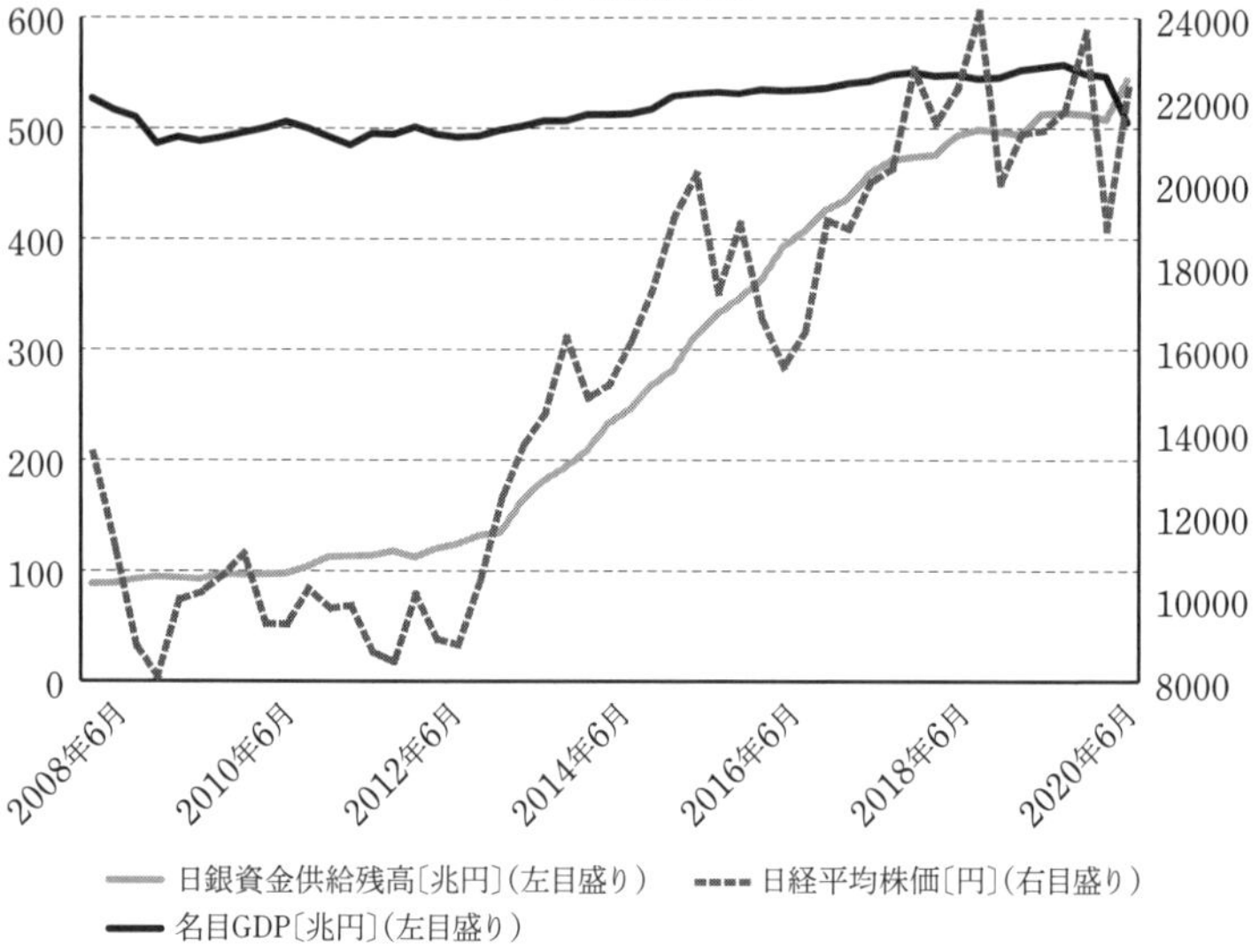

４００兆円のおカネを新たに発行しています。前ページのグラフAを見てもらうとわかるように、実はそれとほぼ同じ額が日本の民間の銀行や企業の海外資産の増加額になっています。また、民間による海外への直接投資もどんどん増えています。

金融市場におカネが流れれば当然株価に良い影響を与えます。そのため、アベノミクスの成果を喜んでいるのは株式で利益を得た方が多いような印象を受けます。

実際アベノミクスで異次元金融緩和が行われてから何が良くなったかというと、まさに株価です。

しかし、上のグラフBを見ていただけると一目瞭然ですが、**おカネを刷って株価が上がった一方、ＧＤＰの規模はそれほど上**

がらず、ほとんど横ばい状態です。

つまり、あまり我々の所得は増えていない、懐具合はほとんど改善していないというわけです。

結局のところ、**おカネを大量に刷ったものの、それが国内に流れずに海外にどんどん流れていった（＝経済が成長せず、国民の暮らしも豊かにならなかった）**というのが異次元の金融緩和の結末だったのです。

カネ余りなのにカネを必要としている庶民に与えない政府

異次元の金融緩和で大量に刷られたカネは、なぜ実体経済に流れずに金融経済に流れていってしまったのでしょうか。

答えは、**緊縮財政で十分な財政政策（財政出動）が実施されなかったから**です。

前述の通り、安倍政権はアベノミクスを開始した2013年度こそ積極的に財政出動を実施しましたが、翌年にはいきなり緊縮財政路線に転じてしまいました。その弊害がここでも出ているのです。

金融政策で市場のカネの流通量を増やしても、市場原理に任せるだけでは本当にカネを必要としている日本国内（実体経済）には流れていきません。

市場原理では、カネはより「儲かる」と判断されたところに流れていきます。ならば当然、長引くデフレ不況によって内需が落ち込んで「儲からない」と思われている日本国内（実体経済）よりも、当時でいうと成長著しい**中国などの「儲かる」海外市場（金融経済）にカネが流れていく**ことになります。

金融政策で刷ったおカネを「儲からない」国内に回していくためには、「儲ける必要のない」政府が財政出動を積極的に行い、国内でカネを使っていかなければなりません。金融政策の効果を最大限にするには、単体で実施するのではなく、財政政策と組み合わせる（一体化する）必要があります。前章では「コロナ・ショックから日本経済を復活させるために金融・財政の両輪をフル稼働させるべきだ」と述べましたが、それはコロナ以前からの日本の課題だったというわけです。

何度も言うように、日本は世界一のカネ余り国家です。しかし、緊縮財政のために金融・財政の一体化が阻まれ、国内への投資におカネが流れていません。

本来であれば、政府が積極的に国債を発行して国内で余っているおカネ（金融機関で眠っている預貯金）を吸い上げ、財政出動を通じて国内でおカネを必要としているところに流していくべきなのです。

インフラ、安全保障、教育、基礎研究、成長産業など、政府がお力ネを使うべき分野はいくらでもあります。

むしろそれらにカネを使ってこなかったツケが、自然災害被害の拡大や、企業の競争力低下、海外への頭脳・技術流出、国防の問題などの形となって今日に回ってきているのです。

iPS細胞でさえカネを集められないという緊縮財政の悲劇

私が非常にショックを受けたのは、再生医療の分野で**将来有望なiPS細胞でさえ、日本国内ではカネが集まらないという現状**です。

言わずもがなですが、iPS細胞の研究は京都大学の山中伸弥教授がパイオニアになったことで知られています。しかし、そのiPS細胞を日本がこれからビジネスレベルで活用して世界をリードできるかというと、そう簡単にはいかないかもしれません。

2019年11月11日、山中教授は突如東京の日本記者クラブにいらっしゃってあることを訴えました。なんと政府が山中教授の進めているiPS細胞の研究プロジェクトに今までのように予算を出さない（2022年度で終了する）と言い出したというのです。それに対して山中教授は「いきなりゼロにするのは相当理不尽」だと支援の継続を求めました。政府としては「もう iPS細胞は実用化の段階にきているから今後は民間の力に頼ってください」というメッセージなのかもしれませんが、それにしても衝撃的な話です。

私の知り合いに山中教授の弟子筋にあたる若者がいます。ある日、彼が私のところに訪ねてきて「田村さん、なんともならないことがあるんです」と必死に訴えてきました。

事情を詳しく聞くと、iPS細胞で心臓の傷んだ細胞を再生するというプロジェクトでベンチャービジネスを立ち上げて、いよいよこれから臨床試験という段階に入ったそうです。ようするに実用化のための入り口なわけですが、そうなると当然たくさんのカネが必要になります。ところが、そのカネがなかなか集まらないとのことでした。

どれくらいおカネがかかるのか聞いてみると1000万円ほどだと言います。当時私は「これほど将来有望なものにわずか1000万円のカネが集まらないのか」と愕然《がくぜん》としました。山中先生が相当な危機感をもって記者会見をした話とまさに一致するところです。

政府としては「iPS細胞のように将来性のある分野ならほっておいても民間がカネを出すから、政府がカネを出さなくてもいいだろう」と考えているのかもしれません。確かに日本の民間企業、すなわち日本を代表する大手製薬会社や、医療分野以外の一般の大企業も、iPS細胞を含む新しい医療には高い関心を持ち、研究開発も進めています。

では、なぜそうした企業からカネが集まらないのかとその若者に聞くと、「いや田村さん、日本の大企業は今やグローバル企業なんです」という答えが返ってきました。

トップが外国人、社内の公用語が英語という企業はもとより、そうではない企業も含め、グローバル企業の経営陣には「投資をするなら日本国内ではなくて海外だ」という発想がありま す。特にiPS細胞に関しては、彼らは日本よりも欧米の新興企業に関心を持っています。だから山中教授の流れをくむベンチャー企業といえども、なかなか相手にしてくれないそうです。

わずか1000万円のカネすらどの企業も投資しようとしません。

この話を聞いて私は大変ショックを受けました。「グローバル」と称して日本国内に投資しないことが日本の大企業のビジネスカルチャーになってしまったという典型例だと思います。

あるいは「1000万円程度のカネなら政府の補助制度で間に合うだろう」と思われるかもしれません。しかし、そうした補助制度があったところで、所詮はお役所仕事です。緊縮財政の影響もあって、審査ひとつとっても時間がかかってしまい、ビジネスに必要な機動性に欠けます。

悲しいかなこれが日本経済の現状、グローバル化の現状です。

日本の技術がベースになったものが海外に広まり、海外で応用が進み、日本のカネも海外に投資されていく。一方、日本国内には、たいした金額でもないカネすら機動的に回ってこない。

その結果、本家だったはずの日本が世界から取り残される——そんな恐ろしいことが現実問題として起こっているのです。この窮状こそまさに緊縮財政がもたらした悲劇だと言えます。

リーマン・ショックの二の舞にならないために

アフター・コロナの日本経済を立て直すにあたって絶対に避けなければならないのは、リーマン・ショックの時と同じ失敗を繰り返すことです。

端的に言うなら、欧米とのカネの刷り合いに負けてはいけません。

2008年9月のリーマン・ショックの後、アメリカのFRBは米国史上前例のない勢いでドルを大量に刷りました。すなわち、量的緩和第一弾（QE1）では、紙くずになりかけた住宅ローン債券を、量的緩和第二弾（QE2）では米国債を中心に買い上げたわけです。少し間を置いて、ヨーロッパの共通通貨ユーロを発行する欧州中央銀行（ECB）もそれに追随しました。そんななか、わが国の日銀だけがカネを刷らず、日本経済に超円高の悲劇をもたらしたことは先に述べた通りです。

それを踏まえて今回のコロナ・ショックでの対応はどうでしょうか。

2020年3月上旬、FRBのパウエル議長は株式市場が暴落するのを見て「無制限の国債買い入れ」を宣言しました。その結果、4月22日時点でFRBは3月はじめに比べ2兆3000億ドル以上も資産を増やしましたが、これはリーマン・ショック時をしのぐ勢いです。アメリカの本気度がわかります。

今回はECBもただちに追随を決めました。

対照的に日銀はもたついていました。3月16日に黒田総裁が打ち出した資産買い増しの柱は指数連動型上場投資信託（ETF）の買い入れ枠を6兆円から12兆円に増やすことでした。リーマン・ショック後に無策だった白川日銀よりは〝マシ〟ですが、これではただの株価対策にしかなりません。

FRBに遅れること1カ月以上、日銀は4月27日になってようやく「上限なしの国債購入」を宣言しました。しかし、黒川総裁自身が「長期国債の金利をゼロ％程度で安定させるために必要なだけいくらでも買う」と記者会見で述べているように、目的は国債金利をゼロ％で維持することにあります。欧米におカネを刷り負けたリーマン・ショックの悲劇を繰り返してはならないという危機感は残念ながら見えてきません。実際、従来の緩和路線の域を出ていないと米欧のアナリストたちは見ています。

このままいくと、たとえ新型コロナウイルスのパンデミックが終息しても、日銀は米欧の中央銀行に対してカネを刷り負けてしまいます。

その結果、円高が進行し、デフレ不況に拍車がかかってしまいます。

つまり、リーマン・ショックの二の舞いです。

コロナ・ショックをきっかけに起こりうる日本経済復活の芽を摘まないためにも、**政府と日銀は過去の教訓に学ぶ必要**があります。早急な軌道修正を望むばかりです。

第3章

コロナ・ショックで〝焼け太り〟を狙う中国に警戒せよ

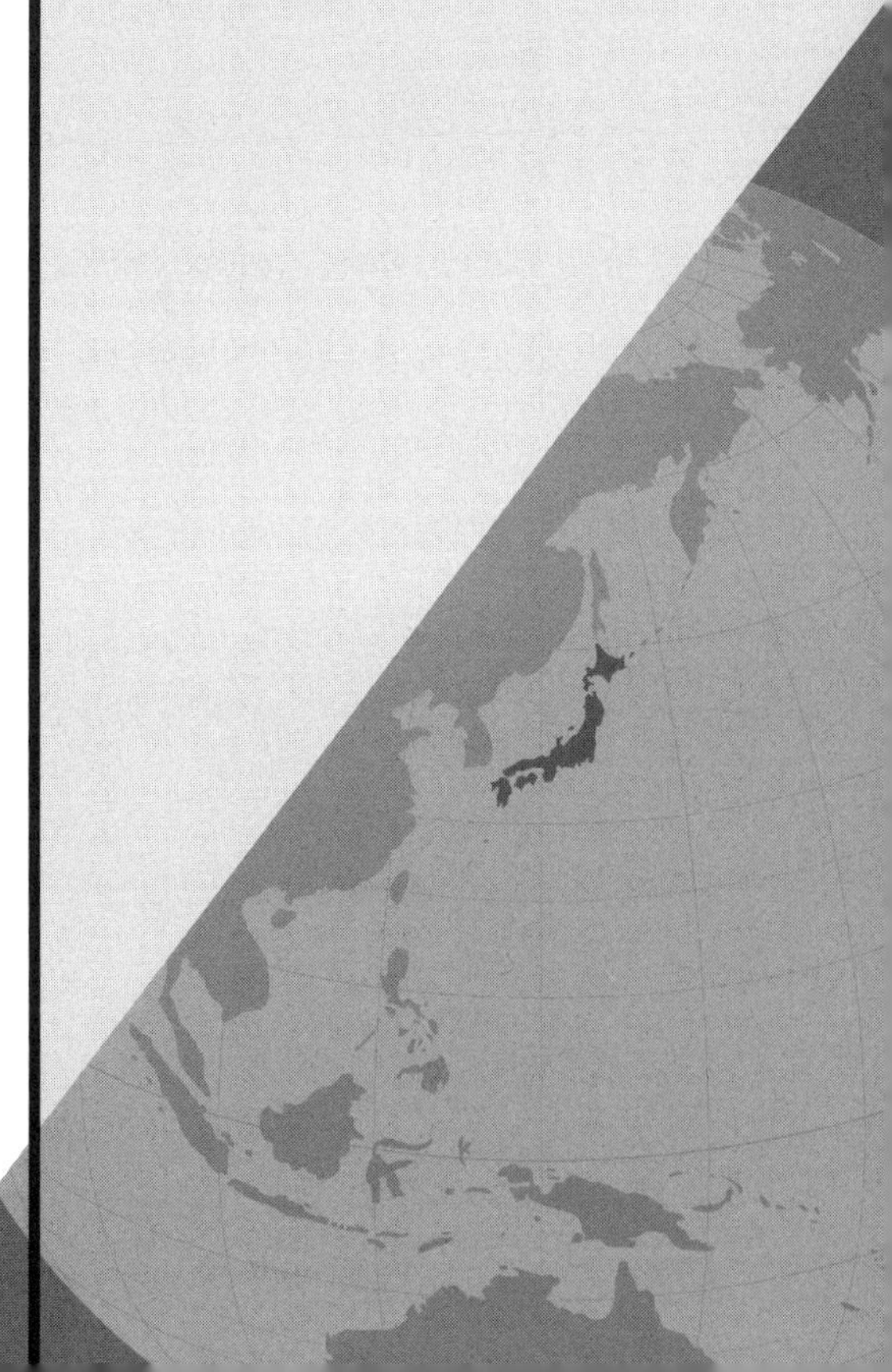

コロナで〝焼け太り〟を狙う、盗人《ぬすっと》たけだけしい中国

アフター・コロナの世界でキーワードになるのは**間違いなく「脱中国」**です。

新型コロナウイルスのパンデミックでここまで世界が混乱したのは、それだけ世界中の国々が、生産や医療など、国民の生活や生命にかかわる重要な部分を中国に依存していた（握られていた）からに他なりません。そのことがコロナ・ショックによって明確になりました。

「脱中国」は日本のみならず、もはや世界共通の課題なのです。

そのためにも、まずは中国という国家の危険性をしっかりと我々が認識しておく必要があります。

特に警戒しておかなくてはいけないのは、コロナ・ショックで世界が苦しんでいるなか、中国が着々と〝焼け太り〟を狙っているということです。「焼け太り」とは、火災にあったあと、保険金や見舞金によって、以前よりも生活や事業が豊かになること。転じて、危機や災難を逆に利用して利益を得たり、事業規模を大きくしたりすることを意味します。

中国の経済モデルを一言で言えば、「全体主義経済」です。

個人よりも全体（正確には中国共産党）の利益が優先される全体主義がベースにあり、全体

の利益のためには経済活動のあらゆる範囲に政権の介入が及ぶというシステムです。それは帝国主義にもつながる侵略型・捕食型の経済モデルであり、現代社会の道徳的な観点からは、あってはならない、滅ぶべき存在だと言えます。

しかし、現実にはこの経済システムは強固であり、特にコロナ・ショックのような混乱時にその強みを最大限に発揮します。

まさにコロナ・ショックは〝焼け太り〟にはうってつけなのです。

中国が全体主義経済の強みを活かし、世界に先駆けてコロナ・ショックから立ち直った場合、日本経済が落ち込んだままでは**〝焼け太った〟中国の勢いに飲み込まれてしまう恐れ**があります。その**〝最悪のシナリオ〟**を避けるためにも、日本は絶対にコロナ・ショックからのV字回復を実現しなければならないのです。

もっとも、現状はアメリカをはじめ世界各国から中国に対する厳しい視線が注がれているので、すべてが中国の思惑通りにはいかないかもしれません。

しかし、「親中派」と呼ばれる人々は世界中にいます。

彼らの存在がいかに恐ろしいかは、今回のコロナ・ショックにおけるＷＨＯ（世界保健機関）のテドロス事務局長の露骨な中国擁護によって多くの人が身に染みてわかったはずです。

世界中に親中派がいる限り、国際社会が一時的に中国を包囲したところで予断は許されません。

特に日本には政権の中枢に親中派の政治家がたくさん存在しているので油断は禁物です。彼らが日本の利益をないがしろにして、**中国の利益を優先するような言動をした時には、我々国民がはっきりと選挙で〝NO〟**を突きつけなければなりません。

コロナ・ショックがグローバル化するほど中国にとってはチャンス

中国共産党の習近平政権がコロナ・ショックで焼け太りを狙っているとはいえ、実際のところ今の中国経済はかなり行き詰まりを見せています。次章で詳しく触れますが、中国は他の先進諸国のように思い切った量的緩和政策をできない事情があるため、焼け太ろうにもそう簡単には太れない状況にあるのです。

ただ中国をめぐる情勢は刻一刻とめまぐるしく変わっている最中なので、〝最悪のシナリオ〟も含めていま一度考察してみる必要があると思います。

新型コロナウイルスの感染は文字通り世界を覆い、〝グローバル化〟しました。この先はいち早くピークアウト、つまり峠を越して経済を回復させ、生産やヒトの流れを復活させた国が勝者になれる、という状況になっています。

習近平

それを理解してか、習近平は、新規感染者が減少するにしたがい、自身が指揮するウイルスとの「人民戦争」が勝利に近づいたことをたびたび国内外にアピールしてきました。

ウイルス感染などの厄災を強制的に封じ込める（あるいは封じ込めたかのように見せる）のは、ある意味で全体主義国家の得意分野です。国民の人権を無視して、徹底的に行動を監視・束縛し、情報を統制すれば、〝形だけ〟でも封じ込めを実現しやすくなります。

一方、アメリカや日本のような自由主義国家、民主的な社会ではなかなかそうはいきません。我々にとって当然の権利である人権や自由を守らなければならないので、中国のような国に比べると強制力にはおのずと限界があります。

もちろん、中国が大本営発表的に世界に発信する情報や「勝利宣言」は額面通りに受け取れません。実際のところ国家による強権的な封じ込め作戦がどこまで医学的に未知のウイルスに効果があるかは未知数です。

しかし、一般論として、全体主義モデルのほうが実はこういう未曾有の緊急事態時に効率的な成果を上げられるということは十分にありえます。

自由主義国家がコロナ・ショックで混乱し、発展途上国にも感染が拡大していくなか、「コロナを見事克服した」中国が打った次の一手は、イタリアをはじめとするヨーロッパ各国、中東、東南アジアなどへの医療支援でした。医師の数が足りない、緊急救命装置も、呼吸補助装置も、ベッドも足りないと悲鳴をあげている国々に「コロナを見事克服した」緊急医療チームや医療品などを届け、「中国はできるだけの人道支援をします」と宣伝しています。

パンデミックの元凶でありながら、いつの間にか〝救世主〟のように振る舞う厚顔ぶりと宣伝工作にはあきれてしまいますが、全体主義の狡猾《こうかつ》さを甘く見てはいけません。実際にこういう手法で中国は国際的な影響力を高めようとしているのです。

もちろん、中国の下心に気づいて警戒する国も多いのですが、背に腹は代えられぬ状況で苦しんでいる国では歓迎ムードも見られます。なかにはそのまま中国に取り込まれ、親中派に染まる国も出てくるでしょう。

我々自由主義国家が動けない隙に、中国は世界にどんどん〝支援〟の手を差し伸べ、その〝実績〟を盾に自分たちの経済圏・支配圏・影響圏を広げていこうとしています。

コロナ・ショックがグローバル化するほど中国にとってはそのチャンスが広がります。

中国も日本とは別の意味でコロナ・ショックという〝ピンチ〟を〝チャンス〟に変えていることに我々日本国民はもっと警戒すべきでしょう。

株価まで操縦できる中国全体主義経済モデルの強み

全体主義国家・中国の〝強み〟は緊急事態時の経済でも発揮されます。

日本やアメリカなど、一般的な資本主義・民主主義国家の場合、たとえ緊急事態時でも国民の自由と人権に最大限配慮しなければならないので、新型コロナウイルスの感染拡大のような緊急事態時にはヒトが動けず、生産も止めざるを得なくなります。

しかし、中国では2020年1月23日以降、武漢市が都市封鎖（ロックダウン）されていた時でさえ、共産党政権が戦略的に重要だとみなす産業、たとえば半導体などは党からの指令で生産が続けられていました。当時武漢市にある国策半導体メーカー紫光集団傘下の長江存儲科技（ＹＭＴＣ）の工場は都市封鎖中も例外として1日も休まず稼働していたと言われています。

共産党が独裁によって情報・おカネ・ヒトの動きをことごとく統制している全体主義国家だからこそできることです。

資本主義国家と同じ感覚で中国という国をとらえることはできません。

国民の人権や自由よりも国家の利益を優先することのモラルの問題はさておき、緊急事態時でも強引に生産活動を続けられるのは、やはり資本主義国家にはない〝強み〟だと言えます。

日米中の平均株価(2020年2月12日=100)

その〝強み〟は株価にも象徴的に表れています。

中国共産党のような独裁政権がヒトとおカネと情報をコントロールすると株価にどのような影響を与えるでしょうか。

株価でさえも人為的に操作できるようになります。

ニューヨーク市場のダウ平均株価はコロナ・ショックをきっかけに大暴落しました。それに対し、上海総合指数（上海証券取引所における株価指数）は底が堅く、ニューヨーク市場の影響を受けても1割程度しか下がっていません。

中国では、共産党にとって都合の悪いことを新聞記者や評論家などが書いたり発言したりすれば、ただちに捕捉・逮捕・監禁されてしまいます。そのように何もものが言えない社会で、株価や相場が資本主義社会のように市場の需要・供給の関係で決まるというのはありえない話です。

全体主義社会では、市場を動かす情報とおカネ、さらにヒトの流れを独裁政権がうまくバランスを取りながらコントロールすれば、経済の安定を〝演出〟できます。コロナ・ショックによる供給面、生産面、消費面での大幅なマイナス成長にもかかわらず、中国の株価が比較的安定しているのは、そういう背景を見ないとわかりません。

コロナロードと化した一帯一路

中国は2008年9月のリーマン・ショック以降、対外投資攻勢をかけてきました。2014年には習近平国家主席が巨大中華経済圏構想「一帯一路」を打ち出し、海外での工事プロジェクトを国有企業に受注させ、大量の工事要員を現地に派遣してきました。習政権はこの中国式の対外投資を「対外経済合作」と称し、中国商務省所管の「対外経済協力」に分類しています。

中国商務省統計によれば、2018年の合作プロジェクトの完工額は、アメリカが23・4億ドルで、中国の友好国イランの23・1億ドルを上回りました。ヨーロッパではイギリス、イタリア、スペインとの経済的な結びつきを強めてきました。

注目すべきは、それらの国々がいずれも新型コロナウイルスの感染拡大で甚大な被害を受けたことです。

なぜそのような事態になったのでしょうか。

「経済合作」を英語でいうと「economic corporation」。これを「経済協力」や「経済合作」と呼ぶのは中国側の言い分にすぎません。

「経済合作」と称して、中国人労働者を大量に海外に派遣し、建設工事部門を引き受ける。**モノを輸出するだけでなく、工事とセットで「ヒトの輸出」もする**——それが経済合作の実態なのです。

経済合作はもともと１９７０年代末に鄧小平《とうしょうへい》が推進した対外開放路線（改革開放）とともに打ち出されました。習近平政権の打ち出した一帯一路構想もこの経済合作を世界的に拡大する政策で、言ってしまえば中国人労働者の輸出構想なのです。

一帯一路経済圏のヨーロッパにおける玄関口であるイタリアは、２０１９年3月、先進7カ国では初めて一帯一路に参加を決め、イタリア北部の港湾整備に〝合作〟を受け入れました。それにより、以前から約40万人の中国人移民が住んでいたと言われるイタリア北部の〝中国化〟に拍車がかかりました。

スペインは一帯一路の参加国ではないのですが、中国のインフラプロジェクトの合作を積極的に受け入れています。

この両国のほか、イギリスなどヨーロッパのコロナ蔓延《まんえん》国は、いずれも緊縮財政によって医療支出を抑制してきました。

つまり、これらの国々は**緊縮財政を推進していくなかで、中国からのヒト付きの投資を喜んで受け入れた**わけです。

その結果もたらされたのが新型コロナウイルス感染症の蔓延でした。

一帯一路に協力的な国、経済合作と中国人労働者を積極的に受け入れてきた国ほど、軒並み新型コロナウイルスの感染拡大による大パニックに見舞われているという現状があります。なお、日本では、一帯一路構想に事実上組み込まれ、広大な土地が中国資本に買われてしまっている北海道での感染拡大が目立っていたことに注目すべきでしょう。

「脱中国」は世界共通の課題

アフター・コロナの世界では「脱中国」が大きな課題になります。それは医薬品や電子部品などのモノに関する分野に限った話ではありません。一帯一路をはじめ、中国が仕掛けてくる

新型コロナウイルス感染者数と中国の経済合作

データ：CEIC、WHO

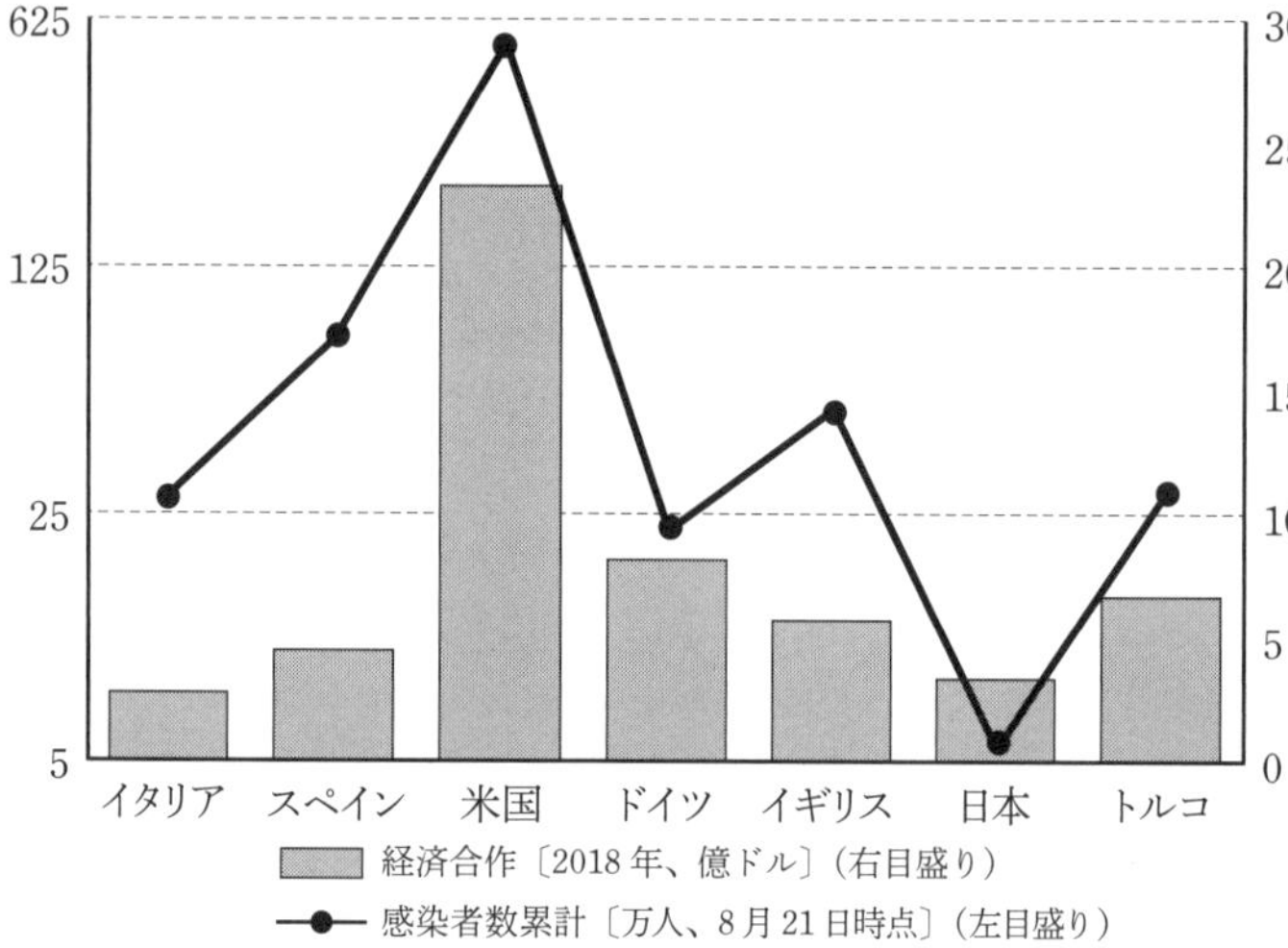

投資プロジェクトについても注意深く見直す必要があります。

上のグラフは国別のコロナの感染者数と、中国による経済合作の関連性を表しています。

中国総務省発表の経済合作に関する統計データを拾い出してグラフ化し、各国の新型コロナウイルスの感染者数のグラフと重ねてみました。

このグラフを見ると、やはり**経済合作の規模と感染者数は比例する傾向**がみられます。

感染者数が世界一のアメリカは、一帯一路にこそ参加していませんが、経済合作の規模が他国に比べてダントツに大きいのです。

誤解してほしくないのですが、私は別に「経済合作で中国人労働者を受け入れたから感染者が増えたのだ」と主張したいわけではありません。

経済合作を積極的に受け入れているということは、それだけ中国経済と一体化する、ヒトの面も含めて**中国がもたらすさまざまなリスクとも一体化する**ということを訴えたいのです。

日本も含め、世界の国々は、中国と経済相互依存になっていくことの危険性をコロナ・ショックの教訓として受け止めるべきでしょう。もっとはっきり言うなら、**財政の緊縮をやめ、中国の企業やヒトにインフラを頼らないこと**です。安倍政権はコロナ・ショックへの緊急経済対策のなかで、日本企業の中国からの本国回帰を支援することにしました。

今後はモノに限らず、おカネもヒトも脱中国を図るべきです。

そのために必要なのは内需を破壊する根本問題である緊縮財政と増税と決別する必要があります。一時的な緊急経済対策で終わらせてはいけません。

日本が「脱中国」を実現するために必要なこと

中国が緊急事態時でもヒトやおカネ、情報を自由にコントロールできるという、ある意味で資本主義社会と比べて有利な立場にあるのは間違いありません。しかし、一方で、香港問題ではその強引さゆえに国際社会から激しい非難を浴びせられています。このままでは〝焼け太り〟

どころか、中国経済の生命線である香港の国際金融センターとしての機能まで失ってしまうかもしれません。この先、中国が破滅の道を歩むのか、〝焼け太り〟を成功させて世界に覇《は》を唱えるのかは、まだまだ予断を許さない状況にありますが、いずれにせよ日本のやるべきことは決まっています。

日本経済を完全に復活させることです。

もちろん、コロナ以前の状態に戻すという意味ではありません。コロナ・ショックをきっかけに、これまでの間違った経済政策（緊縮財政・増税路線）を改めてデフレを脱却し、着実に経済成長の道を歩むということです。

いくら政府が日本企業に「中国への投資をやめて日本国内に戻ってきてください」と呼びかけたところで、企業は収益志向なので〝儲からない〟ところにはなかなか投資はしません。それが日本の「脱中国」における非常に大事なポイントです。

日本の経済が依然として低迷し続けるようでは、日本の企業が中国を引き揚げて国内に投資することはできません。これは動かしようのない経済の原則です。

日本の「脱中国」には、日本経済の復活が不可欠なのです。

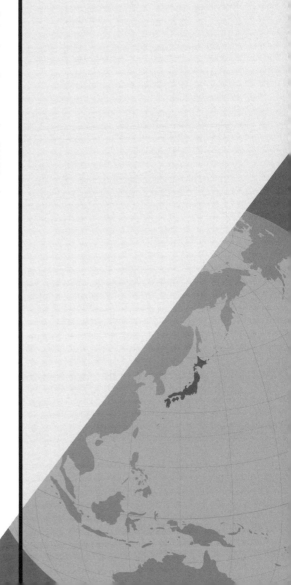

第4章

米中貿易戦争の本番はこれからだ

コロナ以前の米中貿易戦争は中国の圧倒的敗北だった

今後の世界情勢を大きく左右する要素として見逃せないのは、やはり米中の対立です。トランプ大統領はアメリカの対中貿易赤字（中国にとっては対米貿易黒字）の拡大を問題視し、2018年3月から次々と中国製品への関税や関税の引き上げを決定しました。これに対して中国もアメリカからの輸入品に関税をかけるなどの報復措置をとり、米中間の経済対立が激化。こうして始まったのが、いわゆる「米中貿易戦争」です。

米中貿易戦争は2020年1月15日に両国が第一段階の経済貿易協定に署名したことで、ひとまず「休戦」となりました。この協定では今後2年間で中国側が米国産品の輸入を2000億ドル積み増す（中国の対米輸出が横ばいの場合、対米貿易黒字を2000億ドル減らす）ことなど、中国側が大きく譲歩する内容が盛り込まれました。

しかし、それもつかの間、新型コロナウイルスの情報を習近平政権が隠蔽《いんぺい》したことにトランプ大統領が激怒し、米中対立が再燃。2020年6月30日には習近平政権が香港の政治的な自由を脅かす香港国家安全法を強引に成立させたことで、トランプ大統領の怒りの炎に油が注がれました。

トランプ政権はもはや対中制裁をも辞さない構えであり、**米中対立は〝冷戦〟を通り越して〝熱戦〟に転じかねない事態にまで突入**しています。

一方、中国はアメリカに対して基本的には強気の姿勢を崩していません。そのため、日本の大手メディアの報道だけに触れていると、まるで中国がアメリカと貿易戦争で対等に渡り合ってきたかのような印象を受けるかもしれません。

しかし、それは大きな誤解です。

実際のところは、トランプ政権の一連の対中強硬策によって中国は窮地に追い込まれ、2020年1月15日の休戦時には経済が崩壊寸前と言っても過言ではない状態でした。

つまり、**コロナ以前の米中貿易戦争は、アメリカの圧勝、中国の圧倒的敗北だった**というわけです。

人民元はドルがないとただの紙切れ

そもそも中国経済には大きな弱点があります。

その弱点とは、ドルを中心とする外貨がなければ自国の通貨である人民元の発行すらままならないという**ドル依存の経済体制**です。

かつての金本位制では、本来ただの紙切れや硬貨にすぎないおカネの価値を国が金（ゴールド）との一定比率での交換を保証することで裏付けていました。

中国の通貨制度は**「ドル本位制」**とでも呼ぶべきもので、**ただの紙切れにすぎない人民元札の価値がドル（を中心とする外貨）によって裏付けられています。**

金本位制では国家が保有する金の量によってどれだけ通貨を発行できるかが決まります。金の保有量の限度を超えて通貨を発行してしまうと、通貨の信用がなくなり、悪性のインフレに陥って金融が崩壊してしまうからです。

中国の「ドル本位制」も同様に、ドルなどの外貨の保有量（外貨準備）の増加に対応する範囲内でしか人民元を追加発行できません。

保有しているドルの量を超えて、ドルの裏付けのない人民元を乱発すれば、中国経済は確実に悪性インフレに見舞われます。

歴代の中国共産党政権はその危険性を十分に理解していました。だからこそ、ドルなどの外貨資産に合わせて人民元を発行する独特の通貨・金融制度を堅持してきたのです。

そこには歴史の教訓があります。

第二次世界大戦後、国民党（蔣介石《しょうかいせき》）と共産党（毛沢東《もうたくとう》）による国共内戦（１９４６〜

1950）が行われ、アメリカの支援を受けた共産党が勝利し、中華人民共和国が成立しました。その際、毛沢東率いる共産党はおカネの規律をしっかりと守りながら戦っていました。ところが、蔣介石率いる国民党は財政・金融でじゃんじゃんおカネを刷って悪性インフレを起こしてしまいました。その結果、中国の民衆の心が国民党から離れ、共産党政権成立につながっていったわけです。

共産党の指導者となった毛沢東も周恩来《しゅうおんらい》も、その部下たちも国共内戦時の国民党の失敗をよく理解していました。だからこそ、自分たちも外貨の裏付けのない人民元を発行しないように注意してきたのです。

そもそも中国大陸は古代から幾度となく王朝が交替し、戦乱が続いてきた土地柄ということもあって、民衆は自国の通貨より金塊や外貨を信用します。

今日で言えば、それがドルです。

ドルの裏付けがないと、中国の人々ですら人民元札をただの紙切れとしかみなしません。中国のカリスマである「建国の父」毛沢東の肖像が描かれた人民元札は、ジョージ・ワシントンやエイブラハム・リンカーンらの肖像が描かれた米ドル札があってこそおカネとして成り立っているのです。

中国の経済成長はドル次第である事実

中国の中央銀行である中国人民銀行は外貨、すなわちドルを市中銀行から買い上げて通貨（人民元）を発行します。追加供給される人民元は国有商業銀行などの金融機関経由で企業や家計に貸し出されます。中央銀行が民間金融機関から国債などの証券を買い上げて資金供給する日米欧とはおカネの刷り方が大きく異なります。

そのため、ドルの流入量が減ると中国人民銀行による人民元資金発行が大きな制約を受けることになります。

中国の主要なドル流入源は、貿易などの国際収支の黒字のほか、外国による対中投資、対外借り入れ（外国からの借金）などです。中国の通貨当局は、日本企業などに外貨を持ち込ませて、それを外貨準備に組み込んで抱え込む一方、対外送金を厳しく規制します。

対外貿易収支黒字は、中国発表の統計によると、2019年では全体で年間約4300億ドル、そのうち対米は約3000億ドル（アメリカ側統計では約3500億ドル）。対米貿易黒字が大半を占めていることがわかります。

中国の国際収支の黒字はこの10数年間、対米貿易黒字によって支えられてきました。言い換

2008年9月以来の米国の対中貿易赤字累積額と中国の人民元発行量増加額(兆ドル)

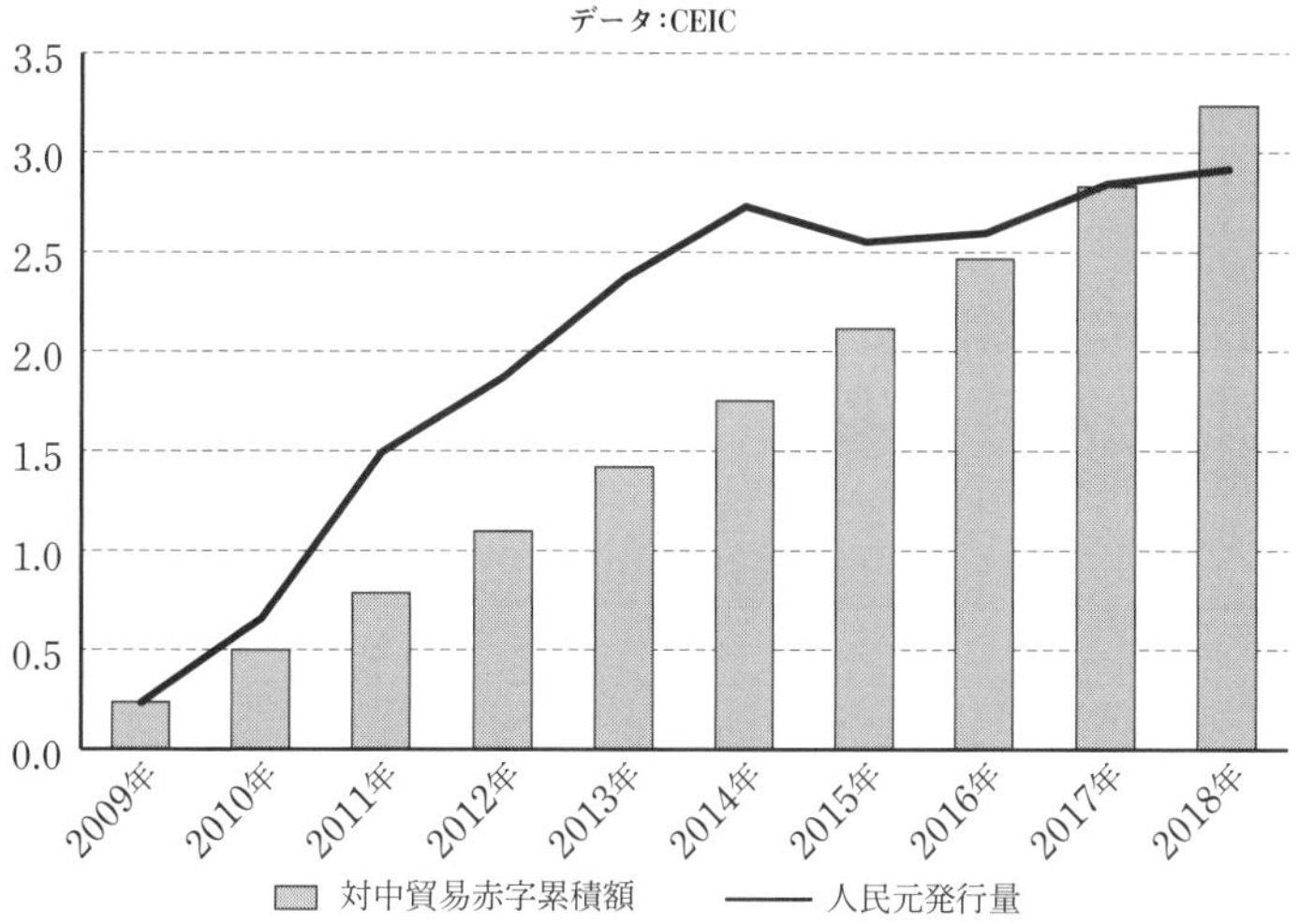

えると、これまで主に**対米貿易を通じて手に入れてきたドルが中国の人民元の発行を支え、中国経済の成長を支えていた**というわけです。

それをよく表しているのが上と次ページの2つのグラフです。

中国が公式に発表する経済成長率は、いわゆる「大本営発表」なので鵜呑みにすることはできませんが、人民元の発行量と中国の経済成長がおおむね連動していることがわかります。

このように中国の経済成長は人民元の発行量で決まり、人民元の発行量は保有するドルの量で決まります。と言うことは、**中国の経済成長はドル次第**なのです。

対米貿易黒字で順調にドルが手に入るうちは、中国も順調に人民元の発行量を増やし、経済を

人民元資金発行伸び率と実質経済成長率の推移(%)

データ:CEIC、中国人民銀行

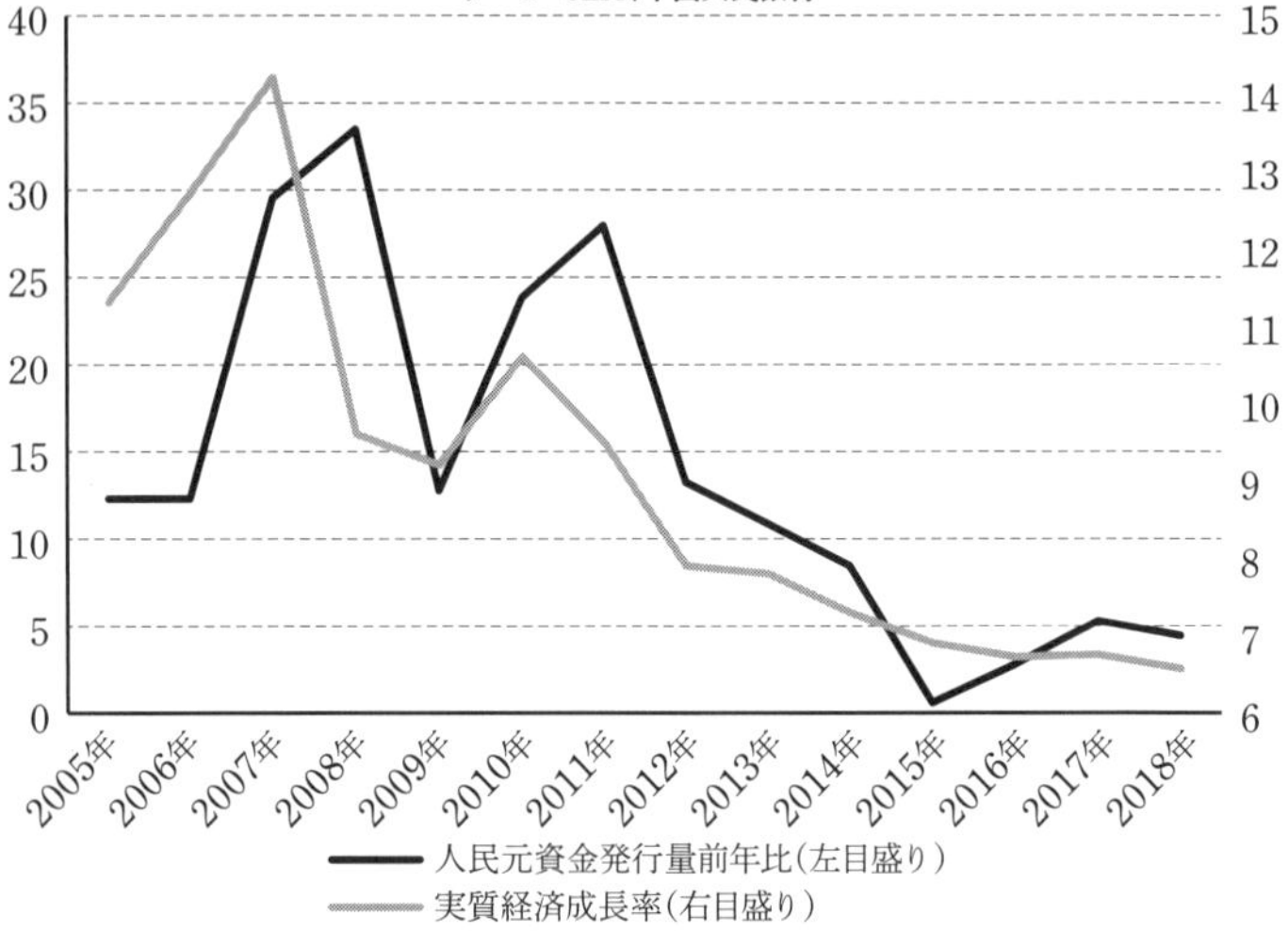

成長させることができました。

しかし、アメリカにトランプ政権が誕生し、対中強硬策に路線変更したことで状況が一変します。トランプが対中貿易赤字を削減する方向に舵を切ったため、以前のように中国にドルが入ってこなくなったのです。

だからこそ、米中貿易戦争では、トランプ政権が強硬策に出るほど、中国は窮地に追い込まれ、２０２０年１月の休戦の際にも大きく譲歩せざるを得なくなりました。

はっきり言って、中国の完敗です。

ドルが手に入らないということは、ドル依存体質・ドル本位制の中国経済にとってまさに死活問題なわけですから無理もありません。

米中貿易戦争とは、単なる米中間の貿易摩擦の問題ではなく、これ以上中国にドルを渡さないと決めたトランプ政権と、何としてもドルを手に入れたい中国による〝**ドルをめぐる争い**〟でもあるのです。

外国からの借金でドルを買う、中国の外貨準備

これまで中国は対米貿易黒字でドル（外貨）さえ稼いでいれば、それを元手に人民元を発行して経済を成長させることができました。

成長著しい中国市場には海外からの投資でさらにおカネが集まります。

〝儲かる〟中国市場に進出したい外国企業に対し、共産党政権は、マーケットへの参入条件として特許や技術、ノウハウを半強制的に提供させるなど、やりたい放題好き勝手にやってきました。

それに〝NO〟を突きつけたのがトランプ政権です。

トランプ政権の対中強硬策の基本路線は、**これ以上アメリカの貿易赤字で中国にドルを稼がせない（貿易収支の是正）、先進国の技術や特許を盗ませない（知的財産権の保護）**というスタンスで一貫しています。

中国の経常収支と米国の対中貿易赤字(億ドル)

データ:CEIC

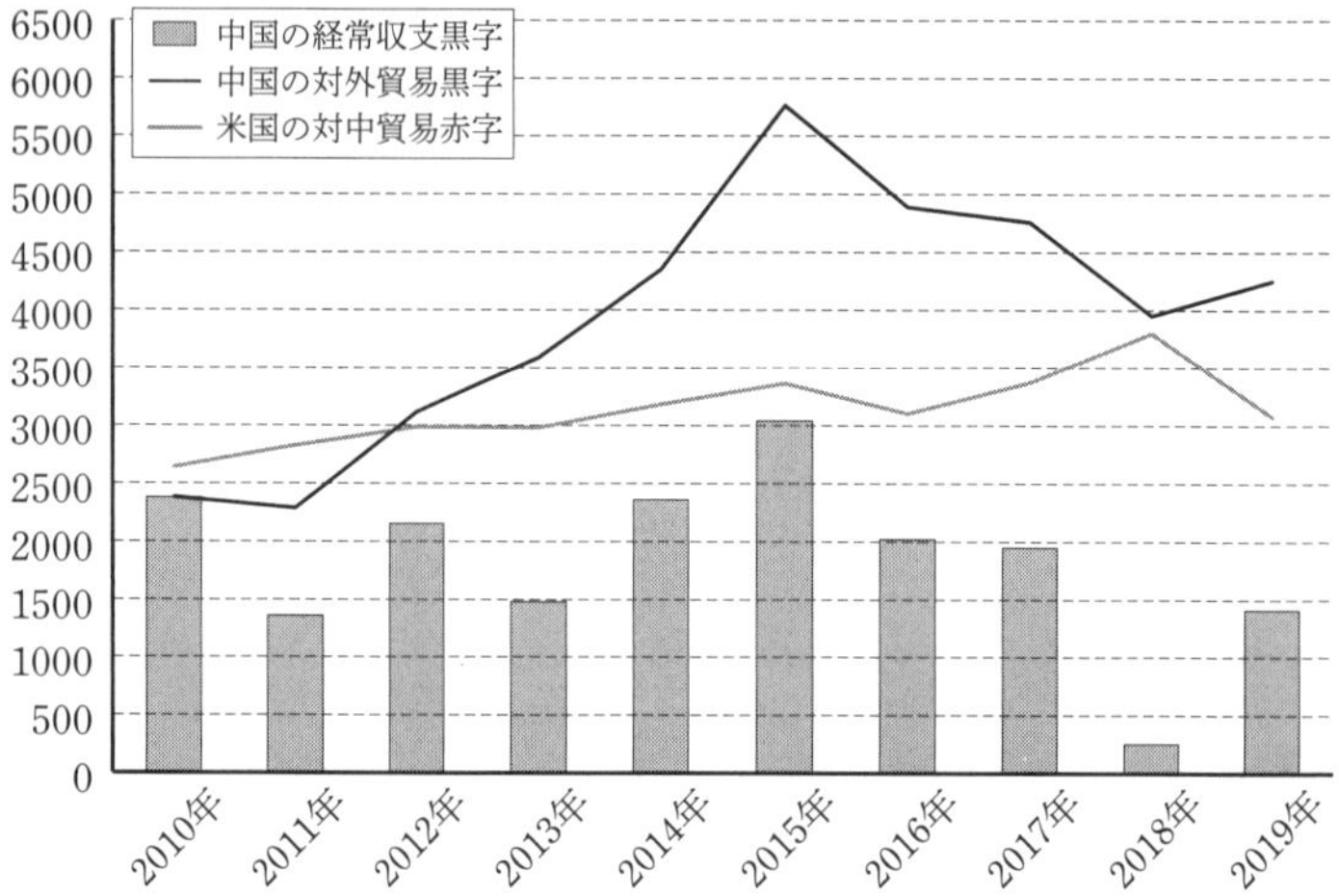

トランプ政権の対中強硬策の結果、中国はアメリカ以外の国も含めた対外貿易の黒字額をどんどん減らしていきました。対外貿易の収支のほか、サービスや投資、対外援助などの収支も含めた経常収支もその黒字額を大きく減らしています。

アメリカがこのまま対中強硬策を取り続ければ、近い将来、中国は赤字国に転落します。赤字国になればそう簡単には人民元を刷れなくなり、経済・金融のさまざまな面で制約を受けることになります。

米中対立の激化で中国の先行きが暗くなれば、海外からの投資でドルを集めることも難しくなります。一方、中国内の富裕層は積極的に資本逃避を行い、自分たちのおカネをどんどん海外に逃がしていきます。

中国の対外債務、外貨準備と人民元資金発行(兆ドル)

データ：CEIC

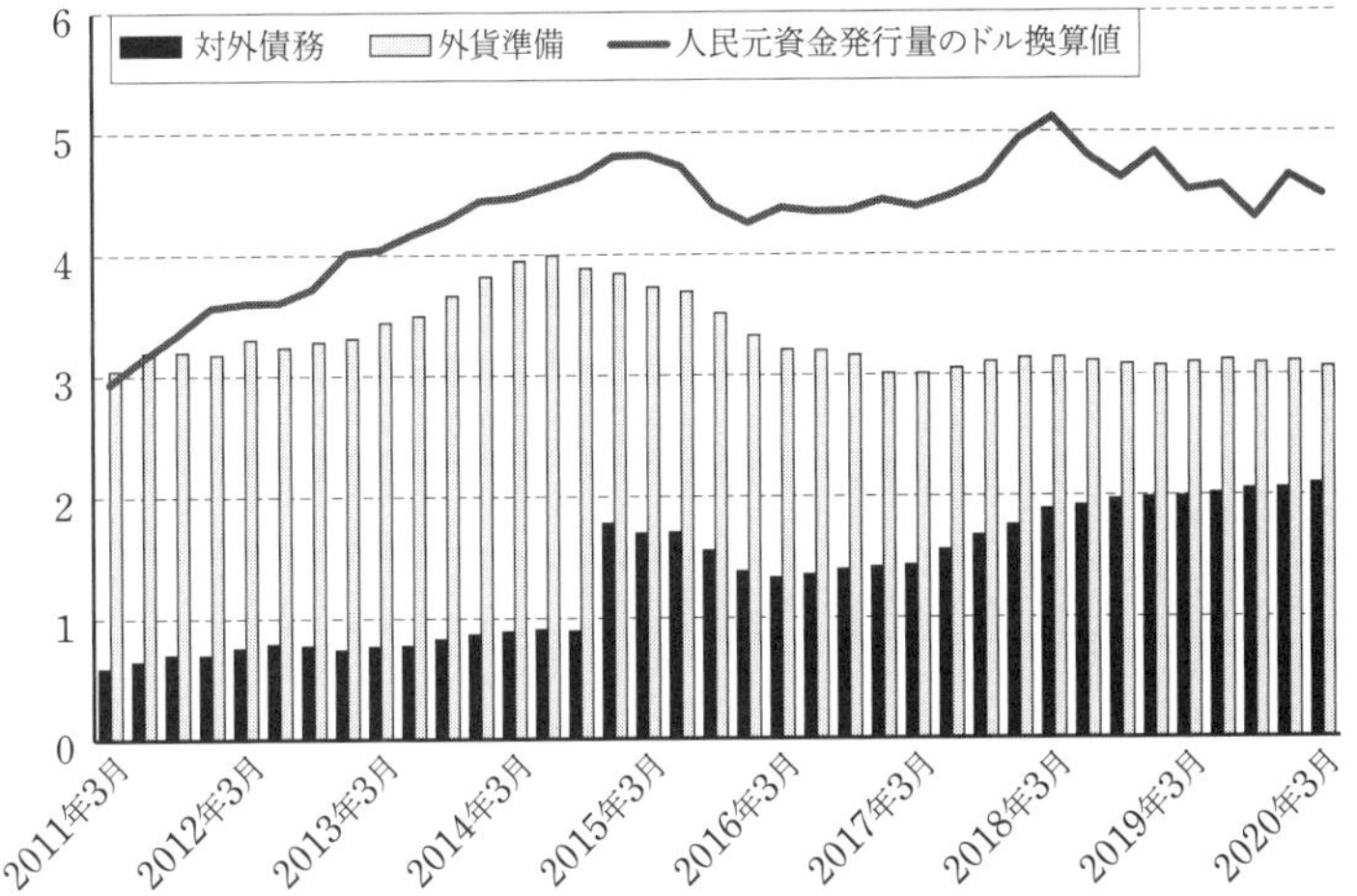

おカネが海外に逃げるということは、人民元が売られるわけですから、放っておけば人民元の価値が下がって暴落し、悪性インフレになる危険性があります。

そのような事態は、共産党政権としては絶対に避けなければなりません。となると、これまで蓄えてきた外貨準備を取り崩して、人民元を買い支える必要があります。つまり、手持ちのドルを売り、人民元を買うことで、人民元の暴落を防ぐということです。

人民元を買い支えるには、ドルが必要になります。しかし、肝心のドルは、貿易でも投資でも手に入りにくいうえに、資本逃避で海外に出ていく――この悪循環で中国の外貨準備はどんどん減っていくことになります。そうなると、**最後の頼みは〝借金〟**しかありません。つまり、外国からおカネを借り入れて外貨準備の減少を補うということです。

この悪循環は、現実の問題としてすでに中国で起きています。それをはっきりと示しているのが前ページのグラフです。

2014年には4兆ドルほどあった外貨準備はその後どんどん減り続け（当時富裕層の資本逃避が急増しました）、2017年には約3兆ドルまで低下しています。そして、2017年以降は外国からの借金を増やすことで外貨準備3兆ドルをなんとかキープし、その外貨準備をもとに人民元を発行しているという危うい状況がこのグラフから読み取れます。

中国の懐事情はコロナ・ショックのずっと前から〝火の車〟だったのです。

大半の日本人は香港問題を誤解している

中国経済とドルとの関係で非常に重要なキーワードになるのが、コロナ・ショック以前から何かと話題の「香港」です。

香港では2019年3月以来、若者を中心とした民主化要求デモが盛んに行われてきました。

そのため、日本人の多くは香港問題を政治の問題だと誤解しています。

しかし、**香港をめぐる一連の騒動の背景にあるのは〝経済〟**です。

香港は1997年にイギリスから中国に返還される際、社会主義国家の中国に属しながらも資本主義の制度を維持する「一国二制度」が導入されました。これにより、軍事・外交を除いた自治権を持つ特別な地域になったわけです。この一国二制度は香港返還後50年にわたって継続することが英中間で約束されました。

香港が今日のような経済的発展を遂げることができたのは、中国共産党政権による全体主義支配の及ばない自治権が一国二制度で保障され、資本主義に基づく自由で活発な経済活動が可能だったからです。

ところで、香港では「カレンシーボード」と呼ばれる一種の固定相場制が採用されています。香港金融管理局が香港ドルの対米ドル・レートを固定し、英国系の香港上海銀行、スタンダードチャータード銀行と中国国有商業銀行のひとつである中国銀行の3行が手持ちの米ドル資産に見合う香港ドルを発行しています。ようするに、香港では香港ドルを米ドルにいつでも自由に交換できるというわけです。

そのため、香港は中国と世界を結ぶ国際金融センターとして発展し、多くの外資系企業が進出してきました。海外から中国本土への対中直接投資や、中国本土から海外への対外直接投資の実に6割以上が香港経由で行われています。

中国は主に香港を通じて経済成長に必要なドル（外貨）を調達してきました。しかし、問題は、中国の外貨準備減少の大きな原因となっている資本逃避もまた香港経由で行われているということです。

特に習近平政権の時代になると、香港から海外への資本逃避が急増したため、習近平は香港への締め付けを強化していきました。その一環として打ち出されたのが、香港市民の猛反発を招いた悪名高き「逃亡犯条例改正案」と「香港国家安全維持法（国安法）」です。

逃亡犯条例改正案は、刑事事件の容疑者を香港から中国本土に引き渡すことを可能にする法案でしたが、香港の若者を中心に激しい反対運動が起こったため、２０１９年10月に撤回されました。

香港国家安全維持法は香港での反政府的な言動を取り締まるための法律です。２０２０年6月30日に成立しましたが、政府の解釈次第でどこの誰でも逮捕できるような内容のため、国際社会から厳しい批判を浴びています。

言ってしまえば、逃亡犯条例改正案も香港国家安全維持法も、香港の自由を守ってきた一国二制度を無力化するための法律です。その真の狙いは、**香港を共産党政権の支配下に置くことで、中国の生命線であるドルの国外流出を防ぐ**ことにあります。

中国の香港支配の動きを全体主義の独裁政権による横暴だと解釈するのは当然ですが、経済の側面にも注目しなければなかなかその全体像は見えません。

香港問題の背景には「ドル依存の中国経済の危機」があるのです。

資本逃避を止められない習近平政権

香港と資本逃避の関係についてもう少し詳しく見ていきましょう。

前述の通り、これまで香港は中国のドル（外貨）調達の拠点として、中国のめざましい経済成長を支えてきました。

ところが、中国がいよいよ経済大国になると、今度は中国本土で大いに富を築いた富裕層が自分たちの資産をより安全な海外に移すという資本逃避の拠点にもなっていきます。

その富裕層の典型例が共産党の幹部とその一族です。

彼らは香港にペーパーカンパニーをつくり、本土で不正に蓄財した資産をどんどん香港に移していきました。そして、カリブ海のケイマン諸島など「タックス・ヘイブン（租税回避地）」と呼ばれる税金の安い地域にもペーパーカンパニーをつくり、巨額のおカネを本土から香港、香港から海外へと移していったのです。

不正に貯めたおカネを国内に置いていては、いつ自分が党から処罰されて財産を没収されるかわかりません。こうして**香港は、中国本土富裕層の資産の逃げ道**になっていったわけです。

それでも中国の経済成長が順調だった時期には、一度海外に流れたおカネも再び香港経由で本土に還流していました。不動産市場をはじめとして、中国本土に有望な投資先がたくさんあったからです。

しかし、中国本土への過剰投資や不動産市場の低迷により、中国経済の成長がかつてのような勢いを失うと、状況が一変。国内に流入するおカネの動きは鈍くなり、国外に流出するおカネの動きが激しくなっていきました。**中国経済を発展に導いた香港が、今度は中国経済を崩壊に導く不安要素になっていった**というわけです。

次ページのグラフAは2013年から2020年にいたるまでの中国の資本逃避の額を追ったものです。

2014年頃からの中国における資本逃避の勢いはすさまじく、その流れを加速させかねないのが、2018年に始まる米中貿易戦争です。

資本逃避が増えていくと、外貨準備が減っていきます。そのため、習近平政権は資本の流出規制に躍起となっているのです。

＜グラフA＞ 中国からの資本流出と経常収支（億ドル・年）

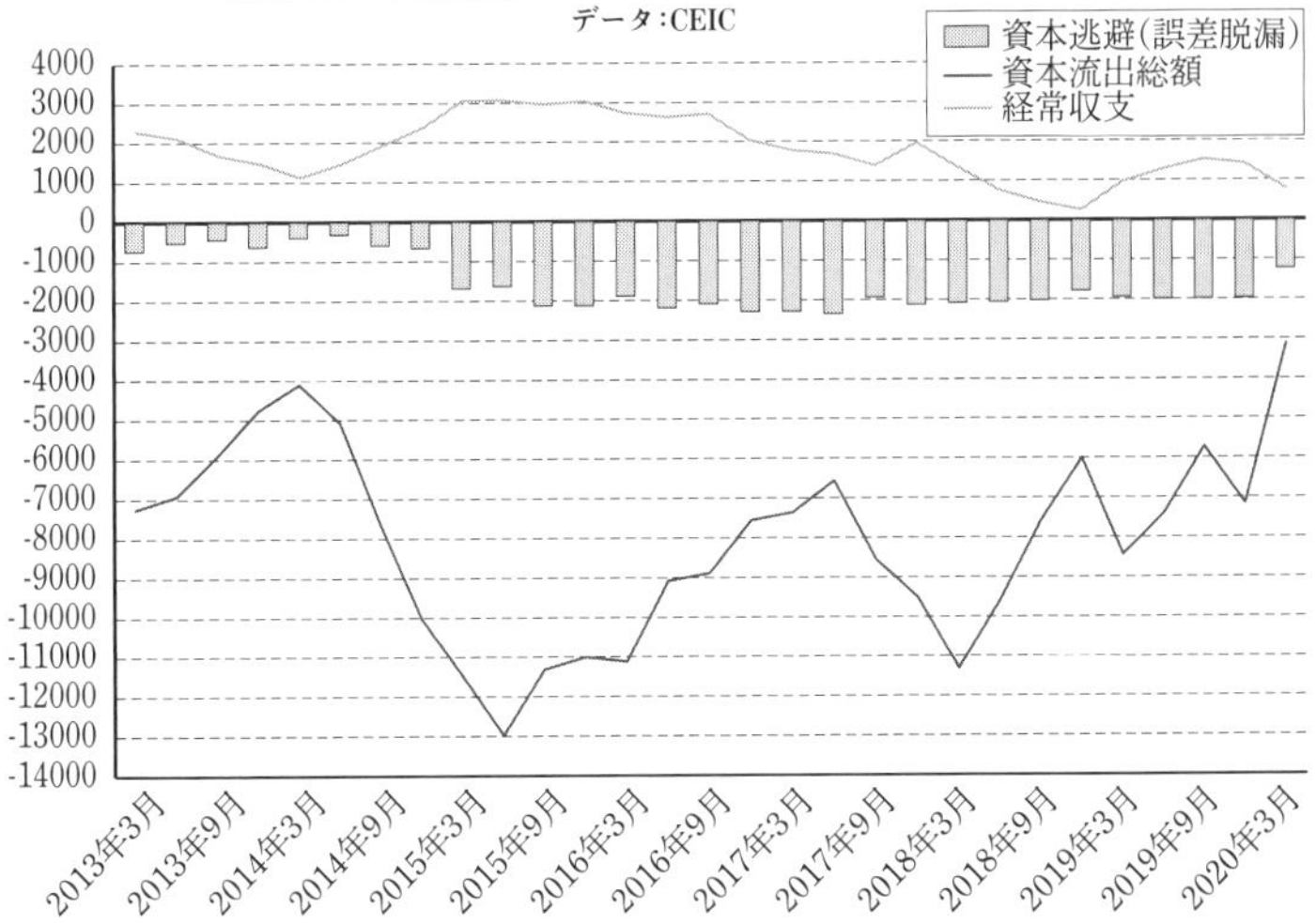

次ページのグラフBは前年比でどれだけ外貨準備と対外負債が増えたり減ったりしているかということを表しています。

２０１７年以降は外貨準備が回復しているように見えますが、一方で対外負債が増えています。先にも述べた通り、資本逃避で減った分の外貨を外国からの借金を重ねることでカバーし、１１７ページのグラフにあるように、何とか約3兆ドルの外貨準備をキープしているというわけです。

こうした状況を踏まえ、習近平は、一刻も早く香港を中国共産党の監視・統制下に置き、ドルの国外流出（資本逃避）を防がなければ、中国経済の未来はないと判断したのでしょう。

しかし、中国共産党が一国二制度を無視して香港支配を強行することは、国際金融センターとしての香港の〝死〟を意味します。

＜グラフB＞ 中国の外貨準備と対外負債の前年比増減（億ドル）

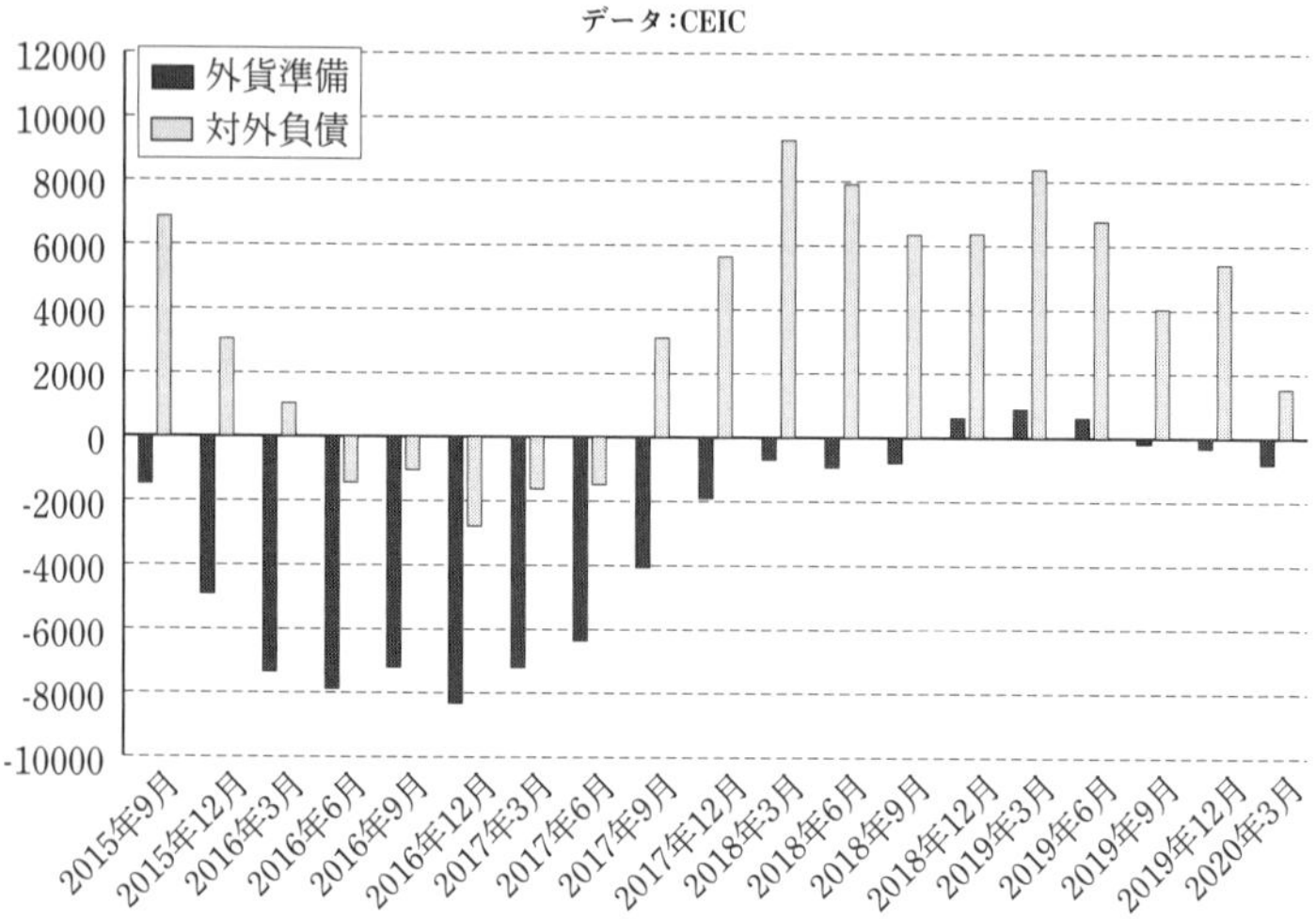

事実上のドル本位制の中国にとって、香港が国際金融センターとしての機能を失うことはまさに死活問題です。だからこそ毛沢東以来、歴代の共産党指導者は一国二制度に基づく「自由な香港」を容認してきました。

たとえ香港を支配下に置いてドル流出の穴をふさぐことができたとしても、ドル流入の玄関口まで閉ざしてしまっては意味がありません。

香港の〝死〟は、中国経済にとっても崩壊の引き金になりかねないのです。

「超党派」で中国と戦うアメリカが仕掛けた〝起爆装置〟とは

返還後50年継続することが約束されていた香港の一国二制度は、国際社会の監視のもとで成り立っていました。しかし、習近平政権は逃亡犯条例改正案や香港国家安全法によって、その約束を平気で踏みにじるような行動に出ています。

こうした中国の動きに対して世界でもっとも危機意識を抱いているのがアメリカです。

コロナ・ショックの件も含め、今やアメリカはトランプ政権だけでなく、議会も〝超党派〟で力を合わせて中国関連の問題に取り組んでいます。日本の政治家たちにもぜひ見習ってほしいところです。

ところで、香港問題に関して、トランプ政権はある切り札を持っています。

２０１９年11月に制定された「香港人権・民主主義法」です。

この法律は、香港が中国政府から十分に独立した立場にあり、優遇措置適用に値するかを国務長官が毎年評価するよう義務付けています。また、アメリカはこの法律に基づいて、香港で人権侵害を行った個人に対する制裁や渡航制限を課すことができる、というのが一般的に知られている内容です。

しかし、同法の条文に目をこらすと、そこにものすごい**〝起爆装置〟**が仕込まれていることに気づきます。

それは**「1992年香港政策法」修正条項**です。

香港政策法とは、1997年のイギリスによる香港返還に合わせて1992年に成立した米国法です。同法では、香港の高度な自治（一国二制度）の維持を条件に、香港に対する貿易や金融の特別優遇措置を対中国政策とは切り離して適用することになっています。

優遇措置とは、通常の国・地域向けの場合、貿易・投資・人的交流が柱になります。香港もその例外ではないのですが、ただひとつ、香港特有の項目があります。

それは「香港ドルと米ドルの自由な交換を認める」と規定されていることです。

香港人権民主法に関連付けた「1992年香港政策法」の修正条項によって、アメリカ政府は、香港の自治の状況、人権・民主主義の状況によっては「通貨交換を含む米国と香港間の公的取り決め」も見直し対象にできるようになりました。

ようするに、**アメリカ側はいつでも香港ドルと米ドルの自由な交換を停止することができる**というわけです。

香港ドルが米ドルとのリンクを失えば、香港は国際金融センターではなくなります。そうなると、香港に拠点を置く日米欧の企業・銀行にとっても大打撃ですが、前述の通り、習近平政権と中国経済にとっても死活問題です。

当然ながら気軽に発動できるものではありませんが、習近平政権の今後の動き次第では、トランプ政権はこの〝起爆装置〟のスイッチを押すことになるかもしれません。

リーマン・ショックこそが中国を膨張させた

トランプ政権は中国という〝怪物〟がこれ以上大きくなるのを懸命に抑えようとしています。新型コロナウイルスを〝Chinese virus〟と呼び、パンデミックが生じたのは中国による情報隠蔽が原因だと批判の声を強めています。アメリカの議会もその点に関しては〝超党派〟で同意しています。**中国の全体主義が根本的な問題だという危機感を国家レベルでしっかりと認識**しているわけです。

アメリカには、**リーマン・ショック後の金融政策で結果的に中国を太らせてしまったという〝苦い教訓〟**があります。

2008年9月のリーマン・ショックの後、アメリカのFRBは米国史上前例のない勢いでドルを大量に刷り、**3兆ドル近いおカネ**をどんどんマーケットに流していきました。

リーマン・ショック後10年間（2008年9月〜2018年9月）の累計または増加額（兆ドル）

データ：CEIC

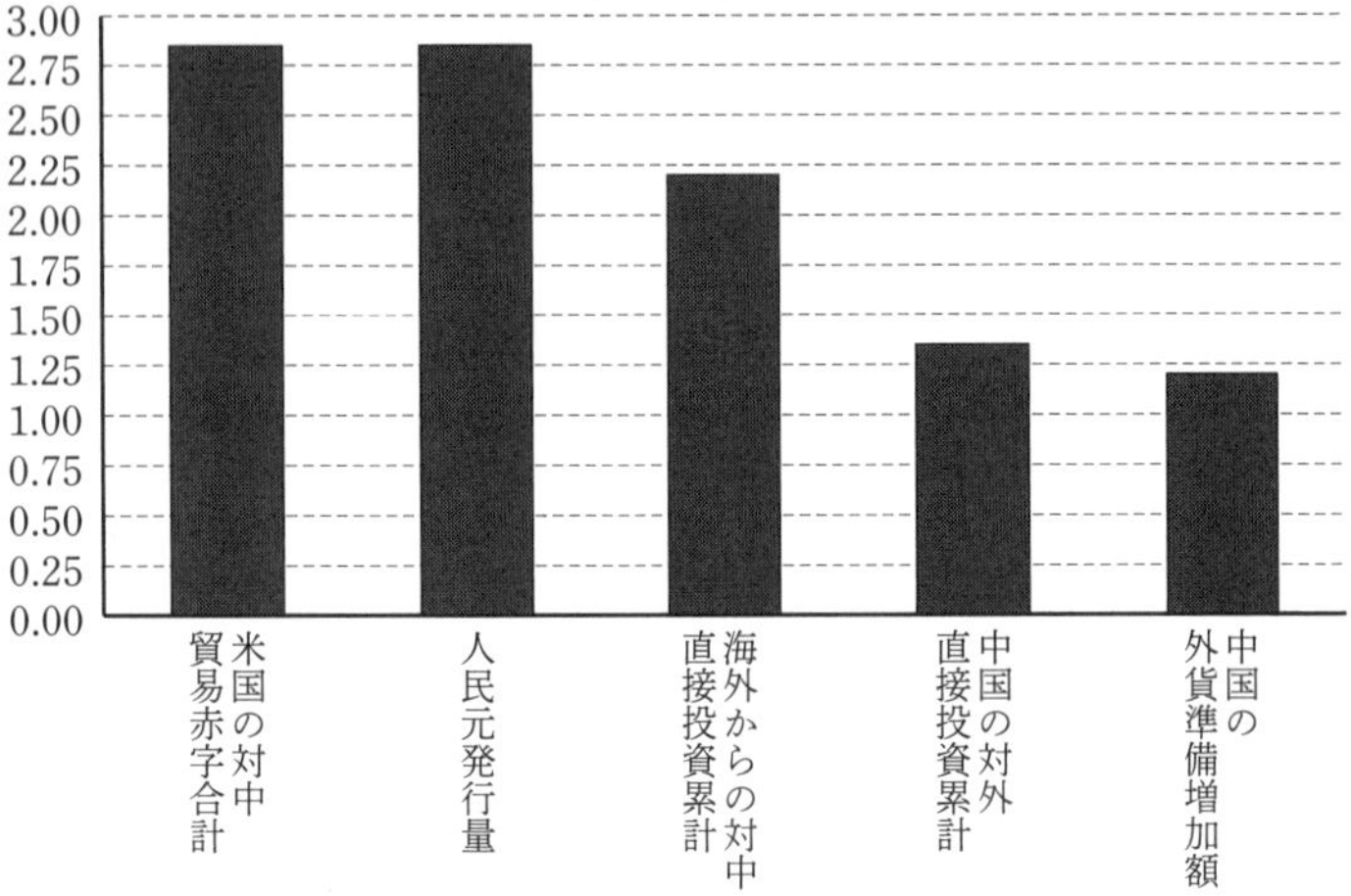

そのうちのどれくらいのおカネが当時中国に流れ込んだのかというと、まさに**3兆ドル**です。

結局のところ**アメリカがリーマン・ショック後に大量に刷ったドルをほぼそのまま中国が外貨として手に入れていた**ということになります。どうやって手に入れたかといえば、これまで見てきた通り、対米貿易黒字によってです。

上のグラフはリーマン・ショック後10年間でどれだけアメリカの対中貿易赤字や中国の人民元発行量などが増えたかを表したものです。

２００８年から２０１８年までのアメリカの対中貿易赤字合計は２・85兆ドル、その間の人民発行量もドル換算で２・85兆ドルとなり、一致します。

ドルの流入額に応じて人民元を発行する中国特有の通貨・金融制度は、リーマン・ショック後のアメリカの金融緩和と自由貿易の恩恵を受けて、思う存分にその規模を拡大することができたというわけです。

そして、この金融の量的拡大をもとに、一帯一路構想の推進や、南シナ海への海洋進出などの対外膨張策が実施されていきました。

まさに**リーマン・ショックをきっかけに、全体主義の〝怪物〟中国が巨大化し、世界の脅威になっていった**というわけです。

では、今回のコロナ・ショックはどうでしょうか。

FRBのパウエル議長はリーマン・ショック級のニューヨーク株価の急落を見て、ゼロ金利で無制限にドル資金を発行する量的緩和政策に打って出ました。このドル資金がアメリカからあふれ出て、中国に流入するようだと習近平政権の思うツボです。

コロナ・ショック前の中国の金融は息も絶え絶えでした。経済の失速や不動産市場の低迷を背景に資本逃避が急増したため、外国からの外貨借り入れを増やさないと、外貨準備が急減する恐れがありました。

アメリカを無制限緩和に走らせたコロナ・ショックは、中国にとって窮地から脱するチャンスになり得ます。前章で述べたように、中国は着々とコロナ・ショックで〝焼け太り〟を狙っているのです。

もちろん、リーマン・ショック時のように今回も巨額のドル資金が中国に流出するとは限りません。特に対中強硬策を掲げるトランプ政権は対中貿易赤字を大幅に削減するよう習近平政権に迫っています。トランプ政権が続く限り、リーマン・ショック後のような中国の膨張を放置しておく可能性は低いでしょう。

しかし、今日のグローバル経済のもとでは、おカネに国境はありません。おカネは絶えず収益と投資機会を求めて動きます。中国だろうとどこだろうと〝儲かる〟と判断したところにはどんどん流れていきます。

もちろん習近平政権もそれをわかっていますから、コロナ・ショックを克服したことをアピールし、中国への投資を呼び込もうとしています。5G（次世代の移動通信システム）やAI（人工知能）など将来性のある分野に戦略的・重点的に投資し、世界からおカネと人材を引きつけようとしているのです。

経済学の教科書には「供給が需要を生み出す」という有名な言葉があります（セイの法則）。全体主義国家・中国の経済モデルはまさにそれに当てはまります。

コロナ・ショックに〝しょぼい経済対策〟しかできなかった中国

ところで、新型コロナウイルス・パンデミックの元凶である中国はコロナ・ショックに対してどのような経済政策を行ったのでしょうか。

調べてみると、実に〝しょぼい〟内容であることがわかりました。

めぼしいのは社会保障費減免と減税合わせて0・4兆元（日本円換算で約6兆円）ぐらいです。リーマン・ショック時の財政出動は4兆元（約60兆円）でしたから、今回はその10分の1ほどの規模しかありません。あとは中小企業向けなど、金融を中心とした支援策を小出しにしているぐらいです。

なぜそのようなことになっているのかは、ここまで読んでこられたみなさんにはすでにお分かりかと思います。

やりたくても、できないのです。

次ページのグラフは、人民元発行高に対する人民銀行の外貨資産（外貨準備に相当）の比率の推移です。

このグラフが示すように、リーマン・ショック当時は、外貨資産が人民元発行残高の1・2

人民元資金発行と人民銀行の外貨資産（%）

データ：CEIC

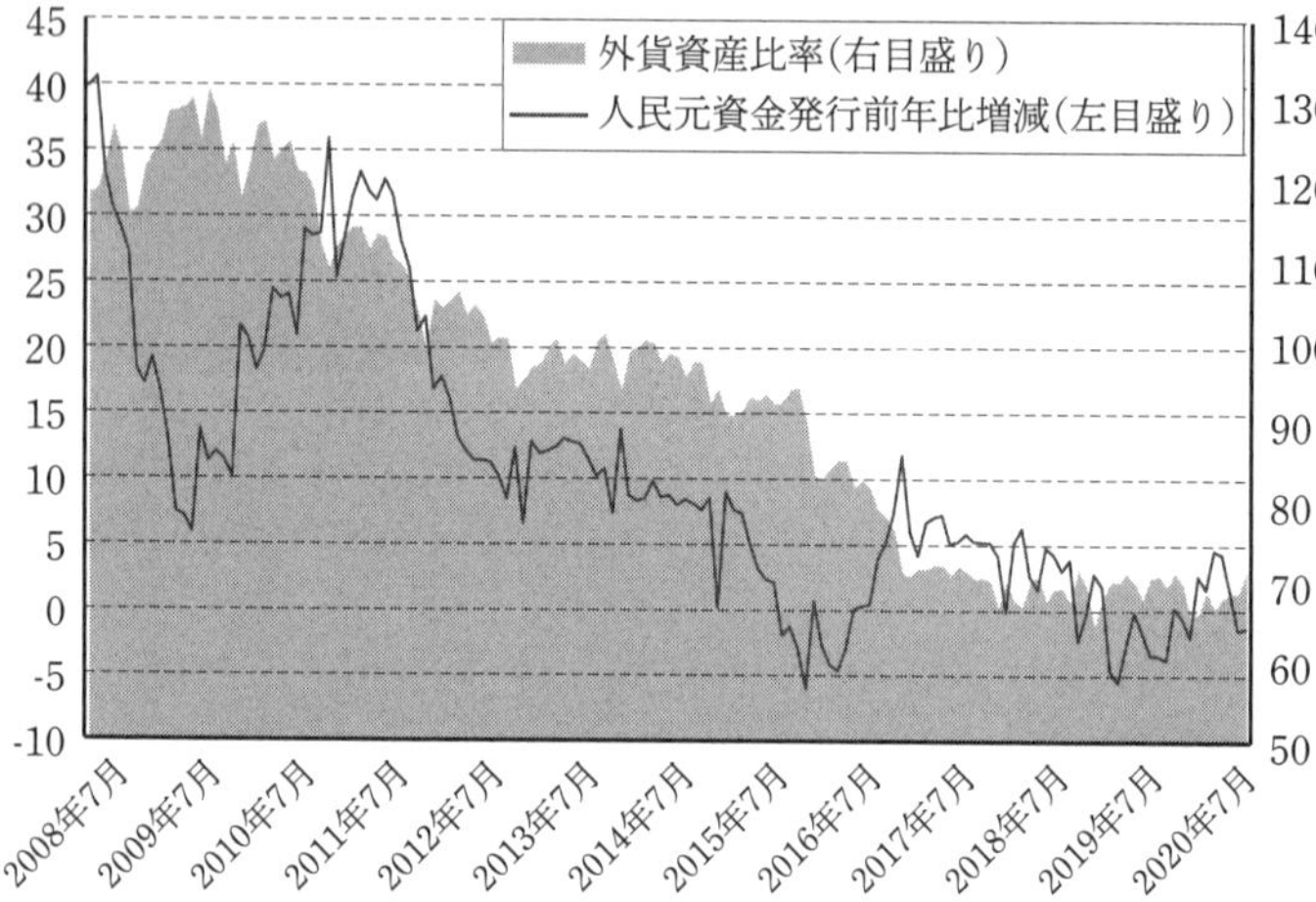

倍以上もありました。だからこそ、人民銀行もリーマン・ショックの際には、ふんだんにある外貨（ドル）を裏付けにして人民元を大量発行する大々的な金融緩和策を実施することができたわけです。

その結果、銀行の新規融資はそれまでの2～3倍も増えました。中国経済も勢いづいて2ケタ台の高度成長軌道に乗り、リーマン・ショック後の世界経済を牽引しました。

ところが、２０１４年頃からは人民元発行高に対する外貨資産比率が１００%台を割り、最近では70%前後で推移しています。前述の通り、**中国国内から香港経由による国外への資本逃避が急増しているため、以前のように外貨資産を増やせないのです。**さらに現在は、コロナ・ショックの影響により、主力外貨収入源である輸出が急減しています。

習近平政権にしても、財政・金融の拡大をしたいのは山々でしょう。しかし、**ドルの裏付けなしで人民元を大量発行すれば、最悪の場合、悪性インフレに陥ってしまいます。**そうなると、共産党政権の存続そのものが危うくなるのです。

ウソにまみれた中国の経済成長率

中国のドル本位制の経済・金融の危うさや、**全体主義国家ゆえに中国が今後起こしうる政治問題・人権問題・疫病その他の〝チャイナ・リスク〟**を踏まえると、これから日本の進むべき道が「脱中国」であることは明らかです。

需要・供給とも、日本はもうこれ以上中国のマーケットに期待すべきではありません。

現在日本が抱えている大きな問題のひとつは、中国経済に将来性があるという〝幻想〟を持つ親中派が政界や財界（特に経団連）、学界、マスコミなどでいまだに幅を利かせていることです。彼らの影響で日本が中国寄りの行動に出てしまうと、アメリカやイギリスなど反中国・脱中国に歩みだした国々からの信頼を失いかねません。

特にアメリカはトランプ政権が続く限り、対中強硬策の手を緩めないはずです。トランプ大統領の中国に対する姿勢は「中国にドルと技術を渡さない」という方向で一貫しています。これから先、日本の企業も下手に中国とかかわってしまうと、アメリカのマーケットを失ってしまうリスクすらあります。

あるいは「そうは言っても、中国はコロナ・ショック直前まで6％台の高い実質経済成長率を維持していたぞ」という意見もあるかもしれません。

確かに、中国政府の発表によると、中国の2019年の実質経済成長率は6・1％あります。

しかし、それほどの数字を出していながらも、日本のメディアでは「29年ぶりの低水準」や「成長に減速」などという不景気な言葉で報じられていました。

普通に考えて6％台の実質経済成長率というのはすごい数字です。なぜそのようなネガティブな報道内容になるのでしょうか。

当時どの主要メディアも「実質経済成長率が6％もあるのに、なぜ景気が悪いのか」を一切説明していなかった記憶があります。

その問いの答えは簡単です。

6・1％という数字そのものが〝ウソ〟だからです。

中国の経済データは政治的動機に左右されます。各地に配置される党幹部は所管する地方の総生産を北京に報告するのですが、党中央が決めたその年の目標値をクリアしないと幹部の失点になってしまいます。

そのため、地方の幹部たちは鉛筆をなめて**中央への報告数値を〝水増し〟**します。国全体の経済成長率はそれらを合計して算出されるので、実態の数値に政治的な〝水増し〟が加算され、**実態とはかけ離れた過大な数値**になるというわけです。

国家経済の基幹統計がインチキなら、まともな経済政策を打ち出せるわけがありません。

そのことは、おそらく習近平以下、党中央の幹部たちも自覚しているでしょう。李克強《りこっきょう》首相は遼寧《りょうねい》省のトップである党書記時代に、人為的操作で決まるGDPに代わって、鉄道貨物輸送量や融資、電力消費を信用すべきだと、アメリカの駐中国大使に打ち明けたと言います。

米欧のアナリストはこれらのデータをもとに「李克強指数」と呼ばれる指標を作成し、参考にしていました。しかし、最近ではそれすらも不規則で、景気の実態からの乖離《かいり》が激しいと言われています。

私が中国経済の実態を分析する際に着目しているのは、**自動車の生産台数**と、2013年から統計値が出るようになった**セメント生産量**です。

自動車生産は、外資との合弁が多いため、なかなか〝ごまかし〟がききません。セメント生産は政治的裁量とは無関係なの

李克強

中国のセメントと自動車生産（各12カ月合計）の前年比増減率と実質成長率（%）

データ：CEIC

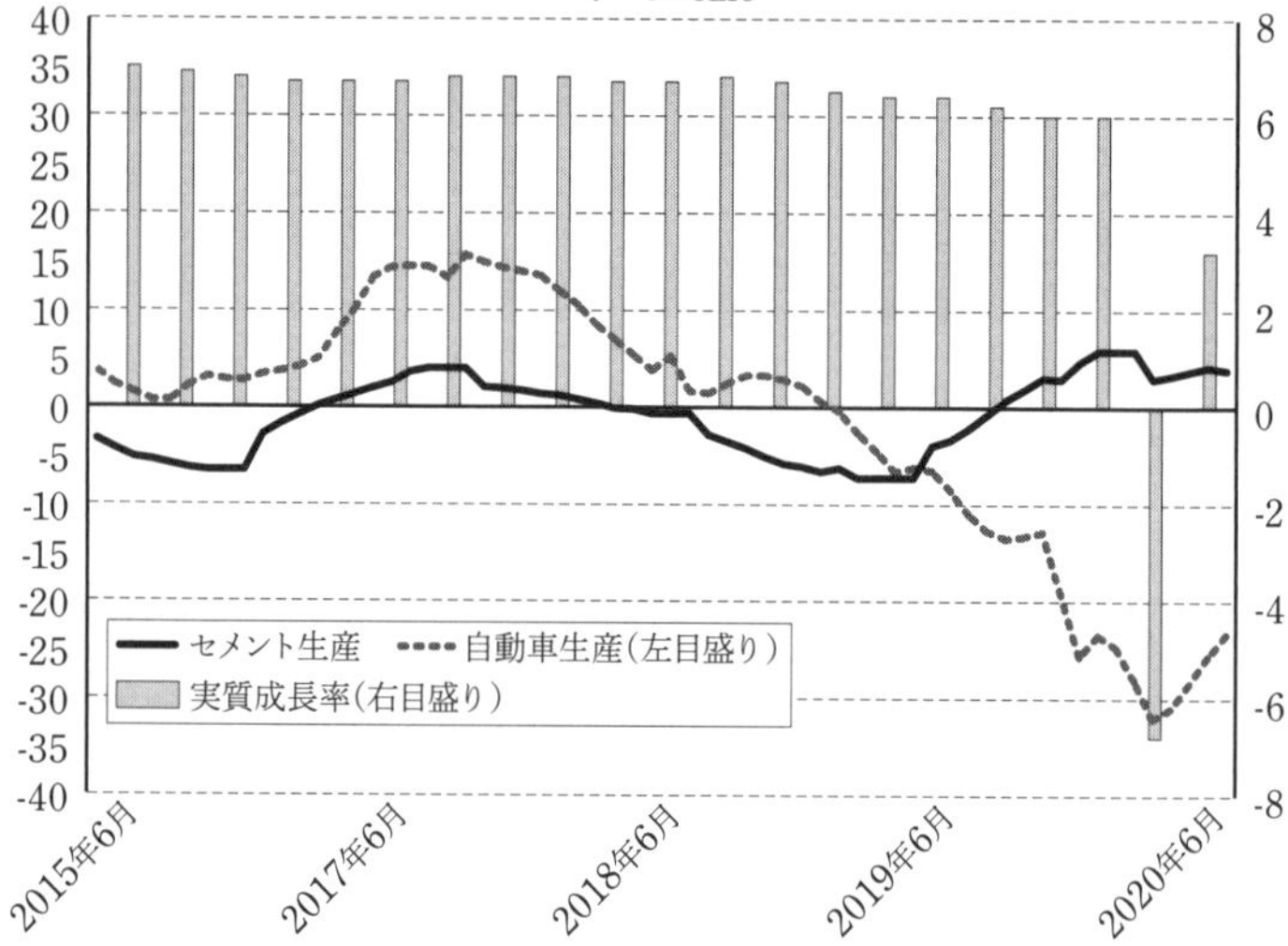

で、わざわざウソをつく必要はないはずです。

上のグラフは自動車生産・セメント生産の前年比増減率の推移と実質経済成長率の推移を組み合わせたものです。

経済成長率のもととなるＧＤＰは民間投資・民間消費・政府支出・貿易収支の合計で決まります。中国の場合、ＧＤＰの40～50％を固定資産投資が占めます。固定資産投資というのは、簡単に言うと、土地の上に立つ建物などの「ウワモノ」への投資です。

ウワモノをつくるにはコンクリートが必要になります。コンクリートの原料はセメントです。と言うことは、セメント生産の動きを見れば、中国のＧＤＰの約半分を占める固定資産投資の実態をおおよそ把握できることになります。

また、自動車生産は工業生産を代表する産業なので、セメント生産の動向と組み合わせることで、さらに中国の経済成長の実態が見えてくるというわけです。

さて、グラフを見ると、工業生産を代表する自動車生産も固定資産投資を反映するセメント生産も2019年6月時点ではマイナスを記録しています。自動車生産は二ケタ台の減少です。そのような状況のなか、同年に6・1%という経済成長が果たして可能でしょうか。ありえません。

セメント生産と自動車生産の動向を踏まえれば、**当時の中国経済は実質マイナス成長に陥っていた可能性すらある**、というのが私の見立てです。

中国が発表する経済成長率は「大本営発表」であり、決して鵜呑みにしてはいけません。新型コロナウイルスの情報隠蔽の一件でも明らかですが、**中国共産党政権が平気でウソをつく**ということを、我々日本人は改めて認識する必要があります。

中国経済を裏で支えてきたのは日本のカネ

中国はリーマン・ショック後のアメリカの金融緩和政策と対米貿易黒字によって大きな経済

成長を成し遂げてきました。そして、その経済成長をもとに、一帯一路構想や南シナ海への海洋進出など、経済的にも軍事的にも外に広がる対外進出の野心を見せています。

そんな中国の野心に冷や水を浴びせたのがアメリカのトランプ政権であり、米中貿易戦争でした。

トランプ政権の対中強硬策で以前のように対米貿易を通じてドルを手に入れられない。その一方で、中国内から海外への資本逃避が止められない。外国から借金をしなければ人民元発行の裏付けとなる外貨準備もキープできない——それが中国の現状です。

では、窮地に追い込まれた中国の習近平政権がおカネの面で最終的に頼る国はどこでしょうか。

世界広しと言えど、日本しかありません。

今日のグローバル経済では、まさに「おカネは天下の回りもの」であり、国際金融市場を通じて地球規模でおカネが回っています。

たとえば日本から海外に出たおカネは円がドルになってニューヨークやロンドン、フランクフルトなどの市場を需給の関係に応じて好き勝手に動き回ります。

当然ながら、それらのおカネは中国にも流れていくことになります。特にリーマン・ショック後の中国は成長著しかったので、〝儲かる〟中国のマーケットには国際金融市場を通じて大量のおカネが流れ込みました。

日米英などのBIS加盟国銀行の国際融資と中国の借り入れ（兆ドル）

データ：国際決済銀行（BIS）

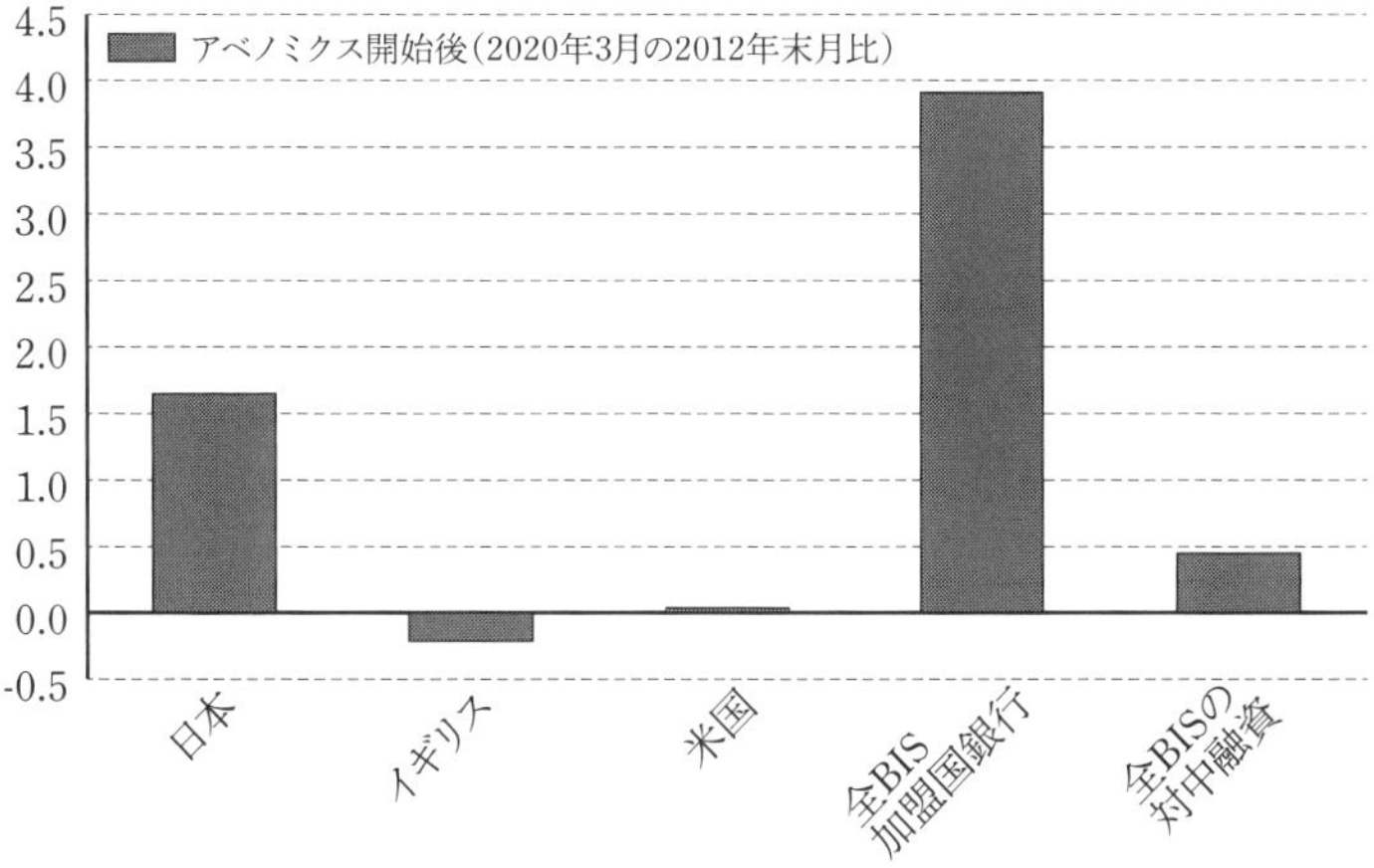

実は**国際金融市場に世界でもっともおカネを流している国、おカネの供給源となっている国が日本**なのです。

経済の規模からしてアメリカのほうが多そうなイメージがあるかもしれませんが、アメリカは国外に出ていった分と国内に入ってきた分を差し引きすれば、ほとんどおカネを国外に出していません。

一方、日本はおカネが国外に出ていくのみで、国内に入ってこないので、**おカネの〝輸出国〟としてダントツの世界1位**です。

その輸出したおカネがどこに行ったかというと、まさに中国に流れています。

次ページのグラフは中国の対外債務と邦銀の対外債権（対外融資）の推移です。

邦銀は2008年からの12年間で国際金融市場に約1・5兆ドルの資金を供給してきたのに対し、

中国の対外金融債務と邦銀の対外金融債権（兆ドル）

データ：日銀、CEIC

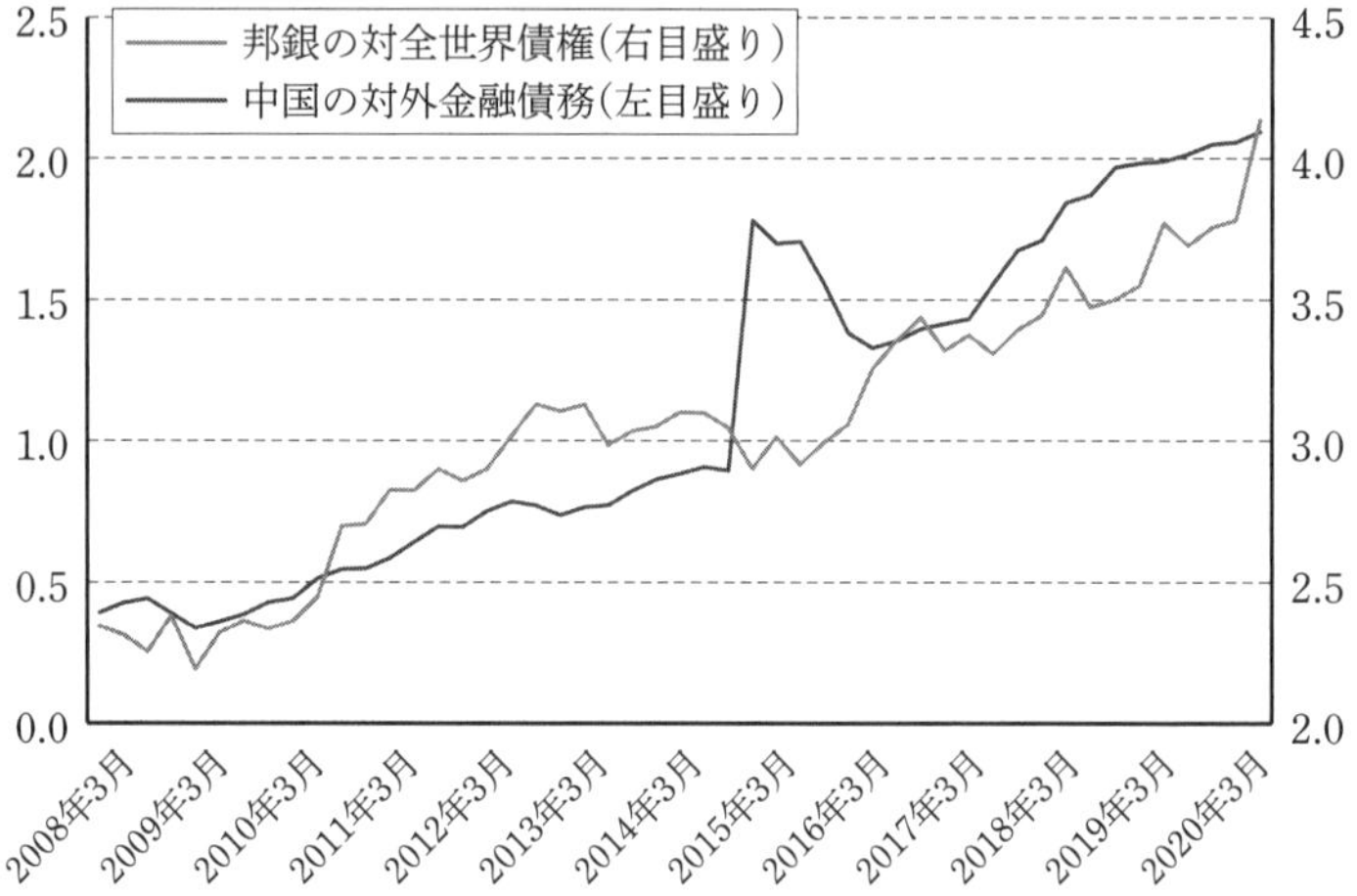

中国は海外からの借り入れを約1・6兆ドル増やしています。**私たちの預貯金がリーマン・ショック後の中国の膨張を手助けし、現在では中国の資本逃避の尻拭いをしている**ようなものです。

なぜそのような皮肉な状況になっているのでしょうか。

一言で言うと、**日本がデフレ不況だから**です。

日本の大手銀行は国内に需要がない（おカネの借り手がいない）と見切りをつけて、国内で集めた我々の預貯金を海外に投資・融資します。ニューヨークやロンドンなどの市場に流れた日本のおカネは欧米の大手銀行に吸い上げられ、彼らはそれを元手に投資をして儲けます。最終的におカネが流れつく先はどこかというと、彼らが〝儲かる〟と見なしたところです。リーマン・ショック後の世界では、それが中国でした。もちろん、なかには日本から中国に直接投資として流れていくおカネもあります。

国際金融市場で回っているおカネは、〝儲かる〟ところならどこにでも流れていきます。国境も、政治も、人種も、思想も関係ありません。たとえ中国が人権侵害をまったく意に介さない非道な全体主義国家でも、儲かりそうなうちはそこにどんどんおカネが流れていくのです。

〝下心〟しかない中国の接近を許すな

米中貿易戦争が「和平」に向かう見通しは今のところまったく立っていません。米中両国は2020年1月に第一段階合意を締結して「休戦」したものの、アメリカ側は中国側が米国産品を大量購入する約束をしっかりと守るかを厳しく監視しています。合意違反とみればただちに制裁関税を対中輸入品すべてに拡大する構えです。しかもトランプ政権は、ファーウェイ（華為技術）など中国のハイテク企業をアメリカ市場から締め出すほか、中国への技術の輸出を禁じ、日欧などにも同調を強く求めています。

米中貿易戦争で中国へのドルの流入ルートが断たれた場合、中国経済は金融の面でも実体経済の面でも苦しくなっていきます。そうしておカ**ネが必要になると、中国はまず間違いなく日**

即位礼正殿の儀
出典：首相官邸ホームページ
(https://www.kantei.go.jp/jp/headline/kouikeisyou_gishikitou/seidennogi.html)

本に接近してきます。

すでにその兆しは2019年10月22日に行われた天皇陛下の即位儀式（即位礼正殿の儀）の際に見られました。

当時中国の代表として儀式に参列したのは、習近平の〝右腕〟である王岐山《おうきざん》国家副主席でした。中国共産党内の序列は第8位であり、金融・経済のプロとして知られる人物です。

当時一般的なメディアの報道では、王岐山の参列を2020年4月に予定されていた習近平国賓来日への地ならしだと解説していました。しかし私は、中国側の最大の狙いは、**米中対立が激しくなるなかで日本との関係を良くしておき、日本から中国へのおカネと技術の流入ルートを確保する**ことにあったと考えています。

注目すべきポイントは、安倍総理が非公式ながらも台湾の代表・謝長廷《しゃちょうてい》氏を即位式に招待していたことです。

いつもの習近平政権ならそれに激しく反発していたことでしょう。しかしこの時は、少なくとも表立った日本批判はありませんでした。中国側には、あえて事を荒立てるようなことはし

王岐山（中国代表）

謝長廷（台湾代表）

たくないという政治的な判断があったからです。

おそらく今後も習近平政権は、**追い詰められれば追い詰められるほど、日本にソフトな対応で接近**してきます。

本来なら4月の国賓来日を機に「日中友好新時代」のような見え透いたフレーズを掲げて、日本のおカネと技術を手に入れようともくろんでいたのでしょう。一方、日本側は、大手メディアも、政治家や財界人の親中派も、その上《うわ》っ面《つら》だけの日中友好を大いに歓迎していたはずです。以前では考えられなかった「習近平の国賓来日反対」の声が日本で上がるようになったのは、まさにコロナ禍《か》における不幸中の幸いでしょう。

日本の企業は〝親中リスク〟を認識すべき

おカネの問題に関して、中国は日本に大きな期待を寄せ、あの手この手を使って中国への投資を呼びかけています。

しかし、日本の企業は中国側の甘い誘惑に乗るべきではありません。中国経済に対しても甘い〝幻想〟を抱くべきではありません。

これから先、**中国に投資をする場合には、政治的なリスクのみならず、経済的なリスクも見据えた現実的な判断が必要**になってきます。

安倍政権もコロナ・ショックを機に、産業界に「脱中国」を呼びかけるようになりました。新型コロナウイルスの感染爆発で中国でのサプライチェーンが寸断したことを受け、生産拠点が集中する中国から日本への国内回帰や、第三国への移転を促しています。2020年度第一次補正予算では、緊急経済対策の一環として総額2435億円を盛り込み、生産拠点を国内や第三国に整備する場合には、建物や設備導入費用の一部を補助することを決めました。

しかし、主要企業の間では脱中国のムードはあまり盛り上がっていません。むしろ、対中投資を増やす動きすらあります。まさに「笛吹けど踊らず」です。もちろん、政府もこれからもっと予算を積んで「脱中国」支援を手厚くしていく必要はあるでしょう。

次ページのグラフは日本企業の設備投資を中心とする対中直接投資の推移です。投資実行額から投資回収分を除いた「ネット投資」と、投資回収額を投資実行増額で割った比率を追っています。

日本企業の対中直接投資の推移

データ:日銀、CEIC　　注:投資額は各年4月までの12カ月合計

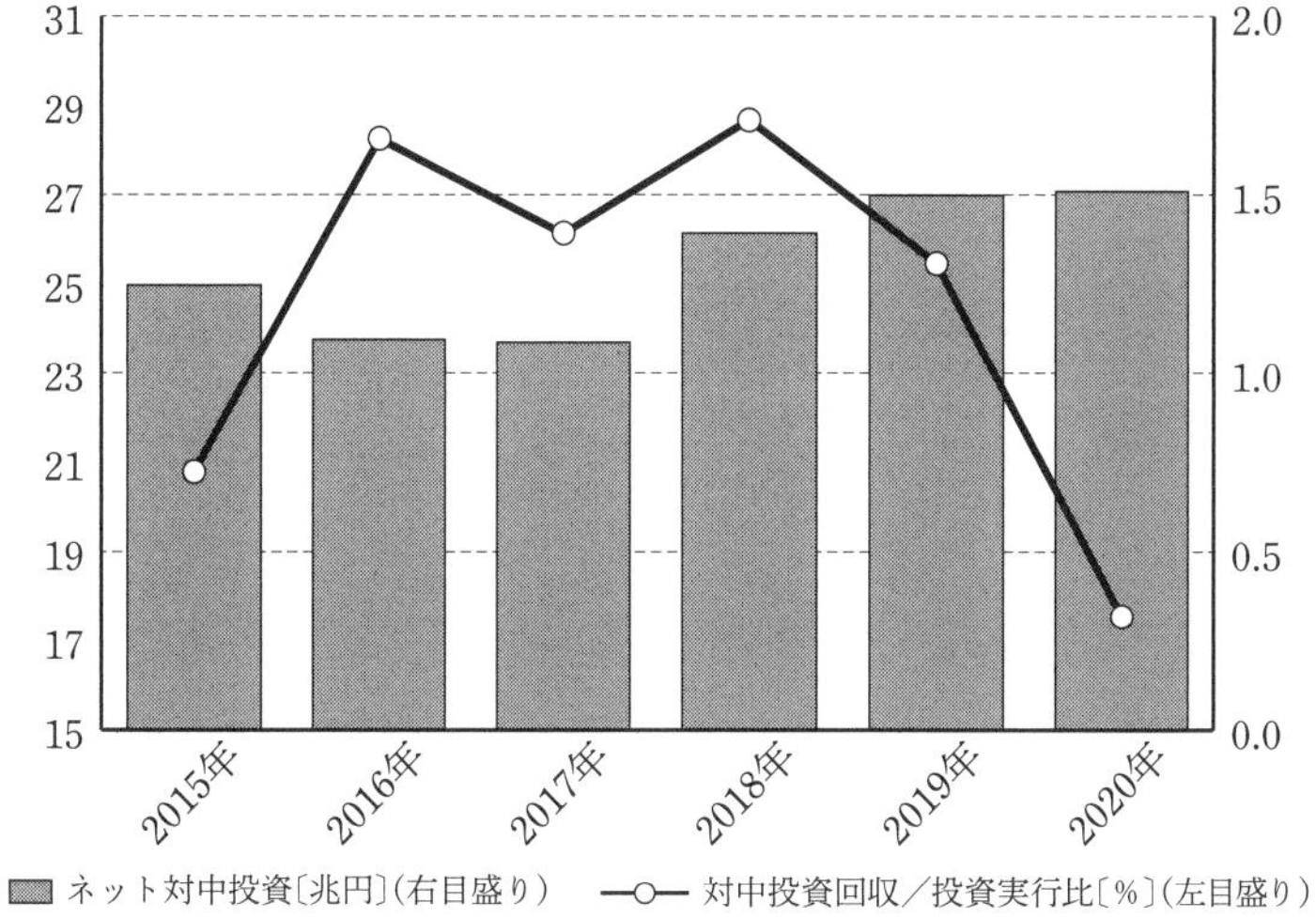

基準となる投資額は各年4月までの12カ月合計です。投資回収額は、現地の子会社から本国の親会社への収益還元が主体です。

日本企業の対世界全体の投資回収比率は7割前後なのですが、こと中国に関しては２０１９年まで3割にも満たず、極端に低くなっています。

その傾向はさらに加速しており、２０２０年4月には単月ベースで14%にまで落ち込んでいます。２０１９年4月~２０２０年4月の1年間でみてもわずか17%に過ぎません。

他の地域では投資実行額を増やしても、同時に回収分も増やすのでネット(正味)の投資はさほど増えないのですが、対中国だけはネット投資が増加し続けています。

安倍政権が「脱中国」企業支援を打ち出した２０２０年4月でも、投資実行額は前月比で

405億円、ネット投資は664億円それぞれ増えています。

一方、回収額は258億円減っているのですが、投資回収を手控えるのは、その分、現地への再投資を増やすことを意味します。つまり、**相変わらず日本企業は「世界の工場」中国にどっぷりと浸かっている**というわけです。

新型コロナウイルスのパンデミック後も対中ネット投資を上積みするのは、日本企業の姿勢が中国に対してより協力的になっていることを示します。

その代表的な企業はトヨタ自動車です。

トヨタ自動車は2020年2月末、中国・天津《てんしん》に総額1300億円を投じ、電気自動車（EV）やプラグインハイブリッド車（PHV）など環境対応車の生産工場を建設する方針を固めました。また、6月には中国の大手5社と、水素燃料で走る燃料電池車両（FCV）の中国での普及を目的とした新会社設立の合弁契約を締結したと発表しました。

この動きは、**最先端の燃料電池の技術を中国に渡してしまう恐れ**にもつながります。**燃料電池は今や軍事関連の一番のコア技術**になっています。**ミサイルやレーダーなど、あらゆるものに応用が利く**からです。それを中国に渡すことほど恐ろしいことはありません。

こうした日本企業の動きの背景には、やはり日本の主要企業の間で中国経済への〝幻想〟が一向に弱まっていないという現実があります。

習近平政権はＥＶやＡＩ、５Ｇなどの将来性のある分野の普及に向け、外資の投資を催促しています。いずれも軍事に転用されうる最先端技術をともなう分野です。加えてＡＩは、共産党政権が弾圧してきたウイグル人やチベット人などの少数民族への監視体制を強化するための主力技術にもなります。

日本企業が中国にビジネスチャンスを求めて、最新鋭技術を携えて対中投資をするのは、軍拡や人権侵害をともなう中国の全体主義路線を助長することにもつながります。今後の中国の動向次第では「日本の民間企業が勝手にやったこと」では済まされないような国際問題にも発展しかねません。また、現在アメリカを中心に西側世界で広がる対中警戒と脱中国の流れにも逆行するので、**中国市場以外でのビジネスチャンスを失うリスク**すらあります。

これからは日本政府のみならず、日本の企業も、中国に協力的な姿勢がもたらす〝親中リスク〟をしっかりと認識すべきです。

経済と安全保障はセットで考えるべき

中国はご存じの通り大変な監視社会です。監視カメラ市場は現在、中国が圧倒的なシェアを占めています。14億人の人民を絶えず監視する必要があることから、世界一のマーケットになっているのです。中国メーカーはたくさんあります。監視カメラは最先端技術の結晶なので、中国のハイテク産業が活きる分野でもあります。しかし、それらの技術の多くはもともと日本やアメリカから来たものです。

中国で電子決済が日本よりもはるかに普及しているのも、監視社会が背景にあります。キャッシュレス経済を通じて個人の生活や消費行動がデータ化され、共産党政権のもとに集められているのです。中国で生活している人々からすると、自分の手の内をすべて政府に知られるわけですから、たまったものではありません。

全体主義国家によってハイテクが活かされるというのは本当に恐ろしいことです。中国の監視システムには、人々の自由を奪うという目的があります。まさにイギリスの作家ジョージ・オーウェルが小説『1984年』で描いた恐るべき監視社会が中国共産党の手によって実現されようとしているのです。

中国は今やその監視システムを全世界に広げようとしています。その尖兵《せんぺい》になっているのが中国の大手通信機器メーカーである**ファーウェイやZTE（中興通訊）**です。

すでにアフリカのネットワーク通信はほぼファーウェイのシステムに取り込まれ、中国式の監視システムそのものがアフリカ各地の独裁政権や独裁者に輸出されているという現実があります。また、同様にカンボジアやミャンマーなどの東南アジアの国々にも、中国のハイテク機器の普及とともに中国式の監視システムが浸透しています。すでに中国はハイテク産業を通じて、それを受け入れた地域に強い政治的な影響力を持っているのです。

アメリカは、オバマ政権までは中国のハイテク覇権の動きを容認していました。むしろ、アメリカのハイテク産業の収益にもつながると喜んでいたほどです。

しかし、トランプ政権がその危険性に気づきました。そのため、トランプ政権は単なる経済や貿易の問題としてではなく、安全保障の問題として、ファーウェイやZTEをアメリカから排除しようとしています。

日本もアメリカにならって、**経済と安全保障を一体のものとして対中戦略を立てていかなければなりません。**

中国をこれ以上膨張させないためにも、日本政府は、企業の投資先が国内に向くよう、日本経済を復活させる責任があります。それと同時にもっと本気で〝脱中国〟を推進しなければなりません。

さもなければ、これからも日本のおカネと技術はどんどん中国に流れ、日本の脅威、さらには世界の脅威となって〝還元〟されてしまいます。

せっかくコロナ・ショック前には米中対立で窮地に追い込まれていた中国経済を、日本のおカネと技術が救うことになってしまうのです。

我々日本人にとって、これほどバカげた話はありません。**ありえない日本の財政破綻のリスクよりも、現実として起きている中国の膨張によるリスクのほうがよっぽど「次世代にツケを回してはいけない」大問題**です。

そういう意味では、コロナ・ショックは大変なチャンスを日本に与えてくれたと思います。コロナ・ショックがなければ日本の政財界は「脱中国」など考えようともしなかったはずです。

全体主義国家の中国がこのまま膨張を続けていく限り、今の香港で起こっている問題はいずれ日本でも起こり得ます。

中国の影響力はすでに日本の経済界に浸透し、地方にも波及し始めています。政府も、国会も、中国に対してはまともに文句すら言えないのが現状です。

これがいかに恐ろしいことであるかを、**我々日本人は、香港を必死で守ろうとしている若者たちから学ばなければなりません。**

第5章

日本の経済政策、財務省思考の限界

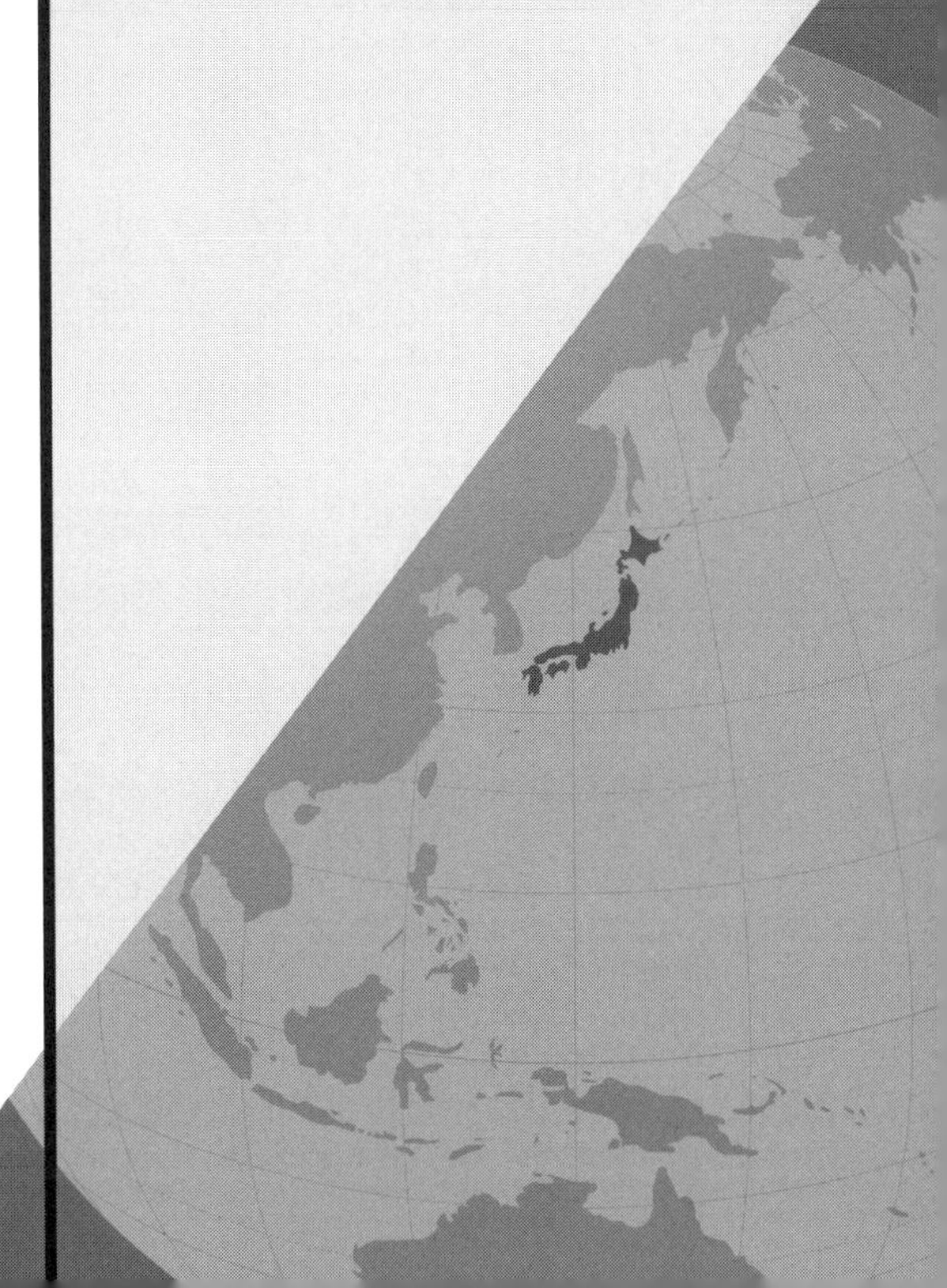

大恐慌期の米国と平成デフレの日本の年平均経済成長率(%)

データ：米国大統領経済諮問委員会、日本内閣府

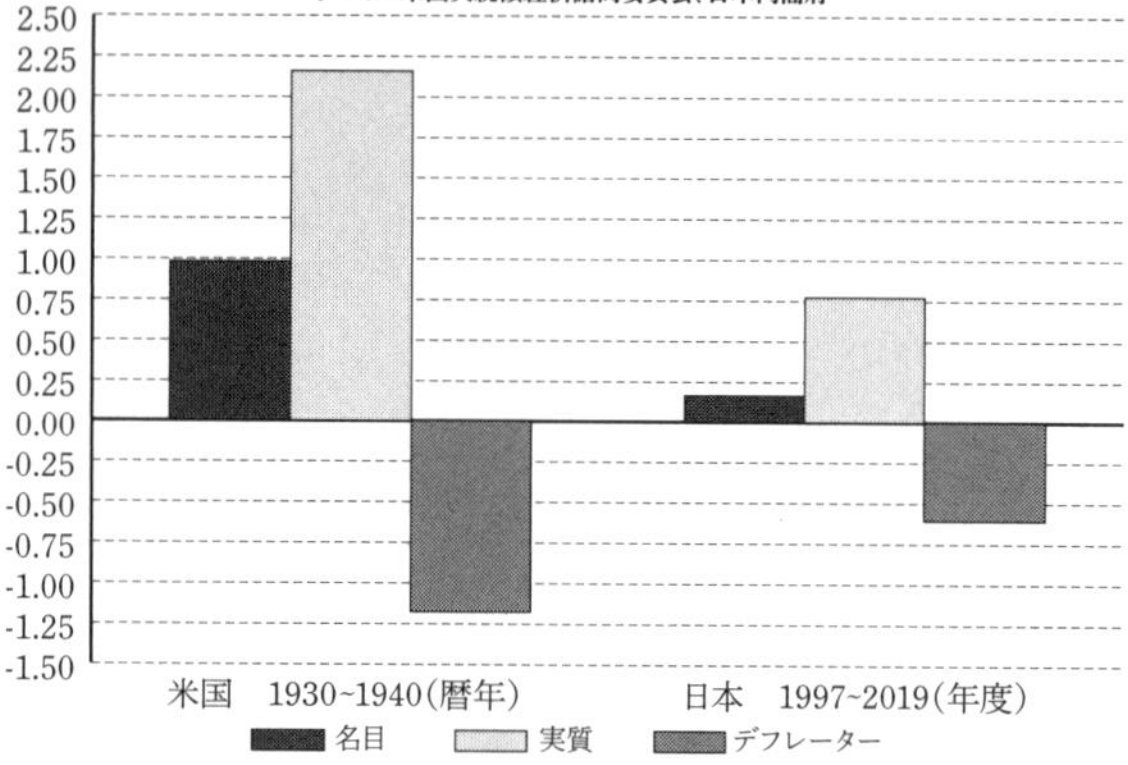

国債発行を〝悪〟とする財務省思考の限界を突破せよ！

世間では「コロナ禍で日本が不況になる」と騒がれていますが、そもそも日本ではコロナ以前から深刻なデフレ不況に見舞われていました。ここで言う「デフレ」とは、物価が下がる以上に所得が下がることです。日本のデフレは１９９７年に橋本龍太郎内閣が消費税を３％から５％にアップさせた時から、もう20年以上も続いています。

そのような例はかつてあったのでしょうか。

強いていえばアメリカの大恐慌時代くらいです。

大恐慌時代と言っても、１９３０年から１９４１年にかけての約10年間ですから、20年以上続いたというのはおそらく日本が唯一でしょう。笑い話にもなりませんが、**ギネスブックに載ってもおかしくないレベル**です。

日本の経済成長率の低迷は、なんと１９９０年代前半

のバブル崩壊後から今日まで4半世紀も続いています。

これほどまでに日本の経済が低迷してきた大きな背景のひとつに、財務省が日本国民を洗脳するかのように繰り返し唱え続けてきた「財政破綻論」があります。すなわち、「日本は国債を大量に発行してきたために世界一の借金大国になっている。財政収支を改善（黒字化）しなければ財政が破綻してしまう」という主張です。

財務官僚はメディアや政治家、経済学者たちにも「国家財政の危機的状況」をレクチャーして〝洗脳〟し、彼らの口からも財政破綻論を語らせることで日本国民の心に将来への不安を植え付けてきました。

その結果、「国債＝国の借金だから発行を控えるべきもの」という間違った認識がいまだに世の中に定着しています。それが誤りであることはすでに第1章で述べましたが、**とにかく国債発行を〝悪〟とみなし、財政均衡を絶対視する〝財務省思考〟が日本経済の成長を阻んできたわけです。**

と言うことは、日本経済が健全に成長していくためには、まず私たち一般市民がそうした**財務省思考から脱する**必要があります。

確かに借金は一般的な家計の感覚ではあまり歓迎できるものではありません。しかし、その感覚をそのまま国家財政にも当てはめて「借金が存在すること自体悪い」と考えてしまうのは間違いです。

経済の理屈で言えば、**資産は他の誰かの負債があってこそ成り立ちます**。つまり、他の誰かが借金をしてくれなければ、私たち国民の資産は増えず、暮らしは豊かにならないのです。

今は民間が積極的に借金できるほど景気が良くありません。なので、こういう時にこそ**政府が積極的に借金をして自ら経済を動かしていく**必要があります。

つまり、国債の発行を恐れるべきではないということです。

国債を発行するということは、政府が国民に借金をするということであり、国民の資産を増やすことにつながります。

政府が国債を発行して民間のおカネを調達するのは、国際的な常識からしてもごく普通の政策です。繰り返し述べてきた通り、実態としておカネがあり余っている日本の場合、たとえ100兆円規模の国債を発行してもまったく問題ありません。むしろ**「財源がない」と訴えて何もできなくなっている委縮した現状のほうがよほど大問題**です。

さらに最低で最悪なのは、国債発行という政策の選択肢があるにもかかわらず、**ことあるごとに増税で財源を補おうとする〝無策〟**です。

しかし、財務省思考に縛られている政治家や世論の大半は、そのようには考えません。

財務省が「日本は世界一の借金大国であり、国債は国民がいずれ負担すべき国の借金だ」というイメージを定着させたこともあって、政府もコロナ・ショックのような危機が起こらない限り、思い切った国債発行に踏み切れないという現状があります。

だからこそ、今回のコロナ・ショックをきっかけに政府も国民も国債に対する考え方を改め、日本経済の成長を阻んできた財務省思考の限界を突破する必要があるのです。

石油より頼もしい〝おカネ資源〟を活用できない日本

日本が借金大国ではなく世界一のおカネ持ち国家だという事実は第1章でも触れましたが、ここで改めて確認しておきましょう。

次ページのグラフは家計、企業（金融機関を除く）の現預金保有額、一般政府（中央・地方政府と公的年金など社会保障基金）の純債務（総債務残高－金融資産）と、対外金融純債権（対外金融債権－対外金融負債）の推移です。

家計や企業の金融資産のうち現預金に限定したのは、それらが政府による金融市場での国債追加発行を支えるからです。

家計・企業の現預金、政府純債務及び対外金融純債権の推移（兆円）

データ：日銀統計

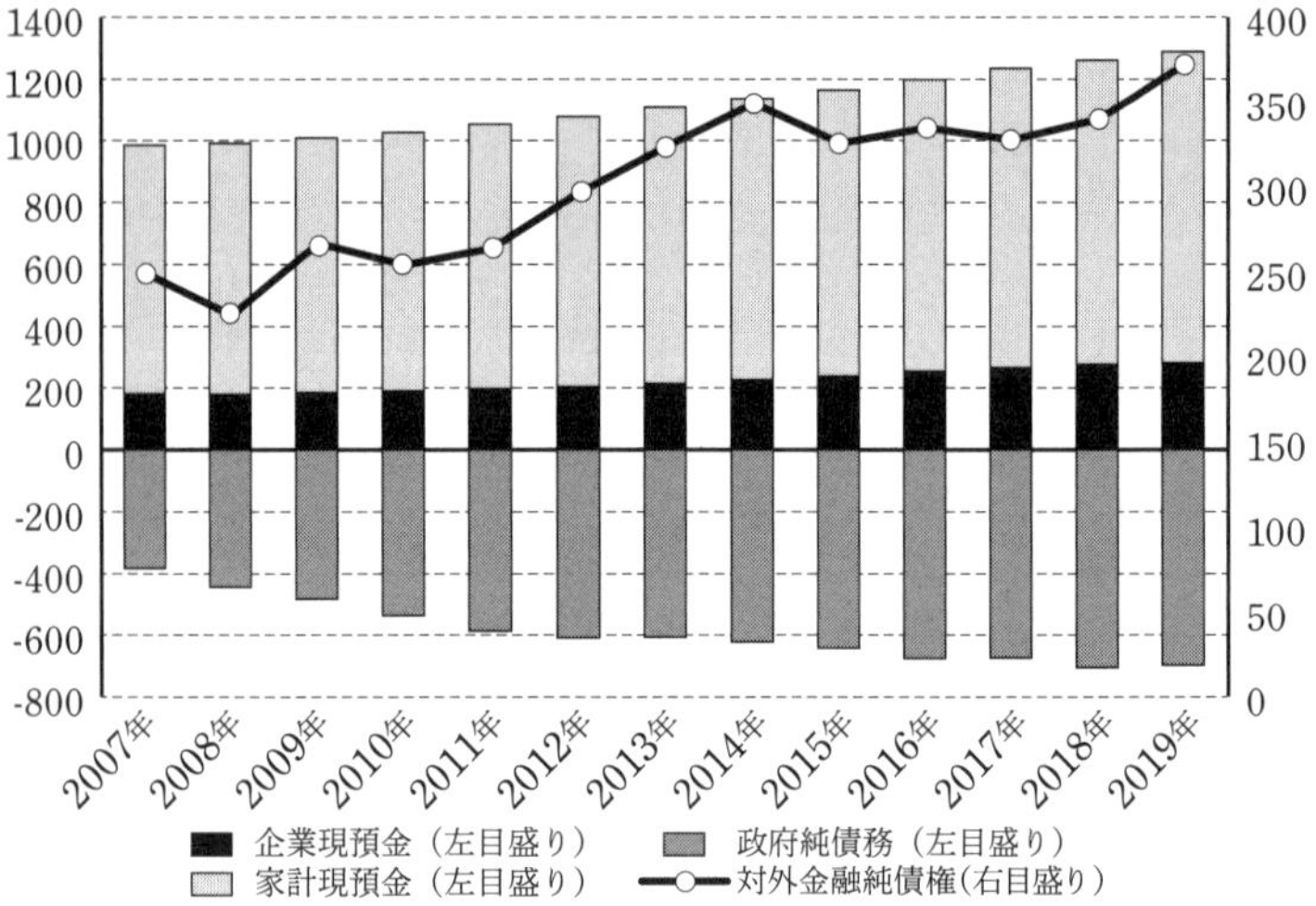

このグラフを見れば一目瞭然、現預金合計額が一貫して政府債務を大幅に上回っていることがわかります。**２０１９年度の現預金は家計で１０００兆円超、企業で２８０兆円ほどあり、合計すると同年のＧＤＰ約５５０兆円の倍以上の額**になります。

これほどおカネに恵まれている国はほかにありません。アメリカでも民間の現預金はＧＤＰの７割程度、ヨーロッパ諸国もＧＤＰと同じくらいです。

アラブの国々は石油資源を豊富に持っていますが、今回のコロナ・ショックでは原油価格が暴落して事実上ゼロになるという災難に見舞われました。それを思うと、**日本が豊富に持っているおカネは、ある意味で石油以上に心強い〝資源〟**です。

しかも、日本の円はドル並みに国際的な信用力があり、他国通貨といつでも交換できる通貨（ハードカレンシー）です。それが大量に国内で預貯金として使われずに眠っているのですから、日本は世界がうらやむほどおカネに恵まれています。

にもかかわらず、日本経済が低迷し続けているということは、その**豊富な〝おカネ資源〟を経済成長にまったく活用できていない**ということです。

グラフを見ると対外金融純債権がどんどん増えていますが、これは国内で使われなかったおカネが海外で使われている、すなわち日本のおカネが〝輸出〟されていることを意味します。

ちなみに、アメリカはＧＤＰの92％に相当する20兆ドルもの対外債務を抱えていますが、その多くを支えているのは日本のおカネです。

日本経済を破滅に導く〝コロナ増税〟を絶対に許すな！

民主主義国家の政治家にとって、国民の所得を国が召し上げる増税は、他に何も策がなくなった時の最後の選択肢であるべきです。それでも増税をするということは、「万策尽きました」と公言するのと同じであり、本来政治家にとっては恥ずべき〝無策〟だと言えます。

特に日本の場合、国内に約1300兆円もの預貯金が使われずに眠っているわけですから、政府が国債発行でそれを吸い上げて活用すれば、わざわざ増税などしなくてもさまざまな政策の財源をまかなえます。

しかし、多くの国民も政治家と同様に「財源＝税金」と思い込んでしまっています。「国債を財源にする」と聞けば、「これ以上国の借金を増やして大丈夫なのか？」と不安になる方が大半でしょう。なので、それなりの理由を提示されれば、あっさりと「増税やむなし」の方向に流されてしまいます。

財務官僚もその点をよく心得ているので、**ことあるごとに国民が「そういう事情なら仕方ない」と納得するような理屈をひねり出してきては増税を実現**してきました。「少子高齢化で膨らむ社会保障費を消費税の増税で補う」という理屈はその最たるものです。

東日本大震災後の復興増税も教訓として絶対に忘れてはいけません。あの時は「今は大変な時だからみんなで助け合わなければいけない」と国民の感情に訴えかけるやり方で増税を実現しています。

しかし、**「大変な時」ならばなおさら政府が国債で対応するべき**です。**未曾有の大震災で疲弊する国民に増税という〝罰〟を与えるなど、国際的にも非常識な政策であり、正気の沙汰ではありません。**

それを踏まえて、私たちが今まさに注意すべきは、コロナ後のどさくさにまぎれた増税、すなわち**「コロナ増税」**です。

日本経済はすでに消費税率10％への引き上げとコロナ・ショックというWパンチで大ダメージを受けています。それに加えてコロナ増税が行われたなら、経済のV字回復どころか再起不能になってしまいます。

コロナ増税だけは絶対に許してはいけません。

ちなみに、東日本大震災の復興で財政出動が行われた際には、財務省がこれ見よがしに「国の債務残高は1年前から99兆円増えて1024兆1047億円になる」と発表していました。はっきり言ってこれは増税を正当化するための〝恫喝〟です。おそらく同じようなアナウンスがコロナ・ショックの財政出動に対しても行われることでしょう。

あるいは、政治家や公務員の給料を一時的にカットするなどして「我々も努力していますから増税させてください」と訴えかけてくることも考えられます。

もしくは、消費税率を一時的に下げる代わりに新しい税をつくり、そのうち何かのタイミングで消費税率を10％に戻してトータルで増税にもっていくなどの手口もありえるでしょう。

いずれにせよ、これ以上の増税を許すべきではありません。

今の日本には、**〝減税すべき理由〟はあっても、〝増税すべき理由〟などひとつもない**のです。

国際社会をも巻き込む財務官僚の恐るべき増税包囲網

平成30年間の日本経済はまさに消費税尽くしでした。

平成元年（1989年）、竹下登政権の時に3％の税率で消費税が導入され、5％に税率が上がったのが橋本龍太郎政権の平成9年（1997年）。そして、安倍晋三内閣が平成26年（2014年）に税率8％に引き上げ、令和改元後の2019年10月には、平成時代からの約束通り、税率を10％へと引き上げました。

この間の日本経済が歩んできた道はまさに死屍累々《ししるいるい》です。消費税導入後にバブルが崩壊し、その後のデフレ圧力が高まるなかで1997年の橋本増税によって長期の慢性デフレに突入しました。20年後の2017年度の名目GDPは、1997年度よりわずか2・6％増えただけです。そんな日本を尻目に中国は同じ20年間でGDPを10倍以上に増やすという著しい経済成長を遂げ、日本を圧倒するようになりました。

2014年度の増税は前年にスタートして順調だったアベノミクスをぶち壊し、デフレ圧力を再来させました。その後、景気は一時持ち直しましたが、日本政府の経済政策によるものではあ

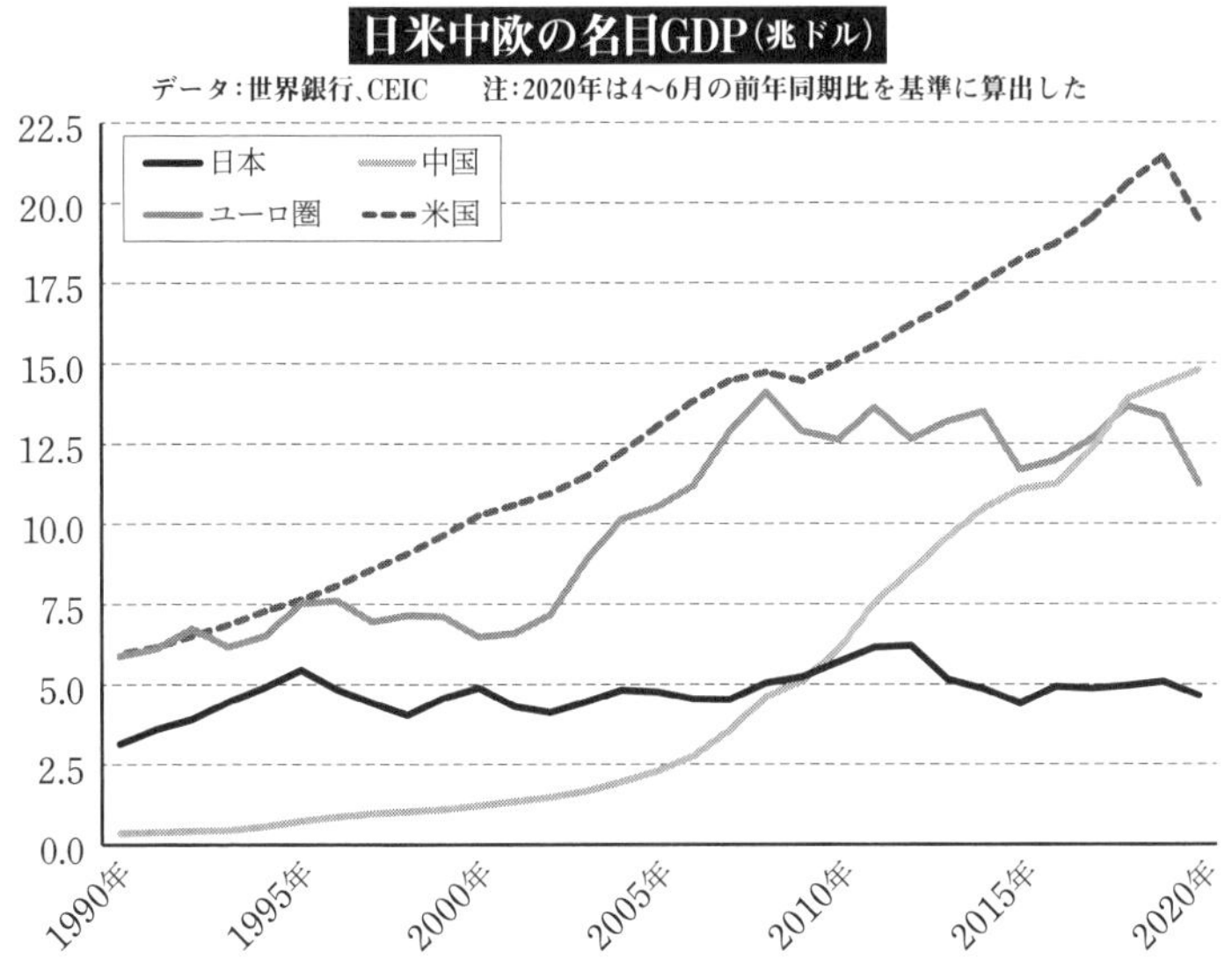

日米中欧の名目GDP(兆ドル)
データ:世界銀行、CEIC　注:2020年は4~6月の前年同期比を基準に算出した

りません。実はアメリカのトランプ政権の減税・財政拡張政策で米国景気が好調になり、それにともなって日本の輸出が増えたおかげです。

２０１８年後半からは中国経済の失速と米中貿易戦争のあおりを受けて外需が先細りしました。しかし、そんなことはおかまいなしに消費税率は10%に引き上げられました。この消費税増税が家計に与えたダメージは、現在のコロナ禍の日本経済に大きな傷跡を残しています。今後しばらくの間、政府は不景気の原因が消費税増税だとは認めず、新型コロナウイルスのせいにすることでしょう。

なぜ日本はこうも繰り返し**消費税増税という“大災厄”**を自ら招き入れるのでしょうか。

橋本首相は増税後のデフレ不況を直視して激しく悔やみました。しかし、政官財学界とメディ

アの大多数は反省するどころか、相変わらず「財政再建には消費税増税が必要だ」という財務省思考に踊らされています

消費税増税は、経済を萎縮させ、若者から将来を奪い、国民の多数を困窮化させた挙げ句、財政収支をむしろ悪化させています。しかし、政官財学界とメディアは、財務官僚に主導されて「消費税増税を予定通り実施せよ。でないと財政健全化が遠のくぞ」とわめきたててきました。

財務官僚は、時には消費税増税反対派を封じ込めるため、**閣僚に増税を国際公約させる**ことまでしています。増税のためなら国際社会をも利用するというわけです。

民主党政権時代には菅直人《かんなおと》・野田佳彦両首相に主要7カ国（G7）首脳会合などで消費税増税を表明させました。財政・金融に疎《うと》い民主党政権は、見事なまでに財務官僚の言いなりでした。

一方、かつては税制に強い百戦錬磨の実力者が財務官僚ににらみをきかせた自民党も、もはや民主党政権時をとやかく言えない体たらくです。２０１９年6月には麻生太郎財務大臣が福岡市で開催された20カ国・地域（G20）財務相・中央銀行総裁会合で消費税率10％への引き上げを説明し、事実上国際公約させられています。「G20福岡」では米中貿易戦争や中国経済の失速を受けた世界経済の先行き不安にどう対応するかが焦点になったというのに、議長国の日本がわざわざデフレと内需停滞を招き入れる消費税増税を誇示したというわけです。

ちなみに、その前月の5月24日には日経新聞が「消費税率上げ準備は着実に進めよ」と主張

し、G20福岡開催3日前の6月5日には自民党の甘利明《あまりあきら》選挙対策委員長が講演で「消費税増税の延期は絶対にない」と発言しています。また、G20福岡開催前日の6月7日には自民党が10月の消費税率10％を盛り込んだ参院選向けの公約を発表するなど、当時財務官僚は、御用新聞や与党幹部、閣僚を巻き込んで安倍首相を〝増税包囲網〟でがんじがらめにして逃げられないようにしていました。

こうした手口は財務官僚の得意とするところです。

日本の増税で欧米の金融マフィアが喜ぶ!?

財務官僚が増税を推進するために国際社会を利用する手口としては、**ＩＭＦ（国際通貨基金）に日本への増税勧告を出させるというやり方**もあります。

ＩＭＦは日本ではいかにも国際的な経済のプロ集団というイメージがあるので、大手メディアはＩＭＦの〝ご宣託〟を金科玉条《きんかぎょくじょう》のごとく敬《うやま》います。そもそも日本人は一種の「信仰」と言えるほど国際機関を信用しやすい傾向にあるので、ＩＭＦからの増税勧告は国内の増税反対世論を封じ込めるのに効果があるというわけです。

これまでＩＭＦは財務官僚が書いた筋書き通りに日本への増税勧告を繰り返してきました。その理由として、ＩＭＦが加盟国中の最大のスポンサーである日本の財務省の意向に逆らえないからだとみる向きもありますが、実情は違います。

むしろ**ＩＭＦが率先して財務官僚の背中を押している**のです。

と言うのも、日本は世界最大の対外債権国であり、日本人の莫大な預貯金が国際金融市場の安定を支えているという現実があります。国際金融市場で荒稼ぎをしている欧米の金融マフィアのような人間からすると、増税で日本人が消費を抑え、貯蓄におカネを回してくれるほうが自分たちにとって都合がいいのです。

もし日本人が対外債権を取り崩して国内投資におカネを振り分けるようになれば、欧米主導の国際金融市場が大きく揺らぐことになってしまいます。日本に増税圧力をかけることでそれを防ぐのが欧米の金融マフィアの狙いであり、彼らを代表するＩＭＦの役割なのです。

今後、欧米の金融の専門家と称する人たちが財務省と同じような財政破綻論を吹聴《ふいちょう》するのを見聞きした時には、ここで述べた日本の増税をめぐる国際的な背景も思い出してください。

増税をしても税収が増えないという皮肉

そもそも、財務省が推進するような増税路線で果たして税収は増えるのでしょうか。

経済は「財源がないから増税する」という単純な発想ではうまくいきません。

国家を背負う政治家や官僚がやみくもに増税を推し進めるのは、「経済を成長させなければ国が滅んでしまう」という危機意識がないからです。国民の感情に訴えかけて増税を推進した東日本大震災の復興増税は、その最たる例だと言えます。

国を動かす立場にいる人たちが「財源がない→増税」と短絡的に考え、経済成長に対する意識が欠如しているのは、もはやそれ自体が〝国家の危機〟です。

経済は〝生き物〟なので、増税すればその分だけ人々はおカネを使わなくなります。人々がおカネを使わなくなれば当然不景気になって産業は衰退し、企業の業績も落ち込みます。すると、人々の収入も減ることになるので、いくら増税しようとも、課税する母体そのものが縮小しているので、全体的な税収も増えません。

1997年、橋本政権は消費税を3％から5％に引き上げ、所得税・住民税の特別減税廃止な

一般会計税収の推移（兆円）

注：2018年度（平成30年度）以前は決算額、2019年度（令和元年度）は補正予算額、2020年度は予算額
データ：財務省

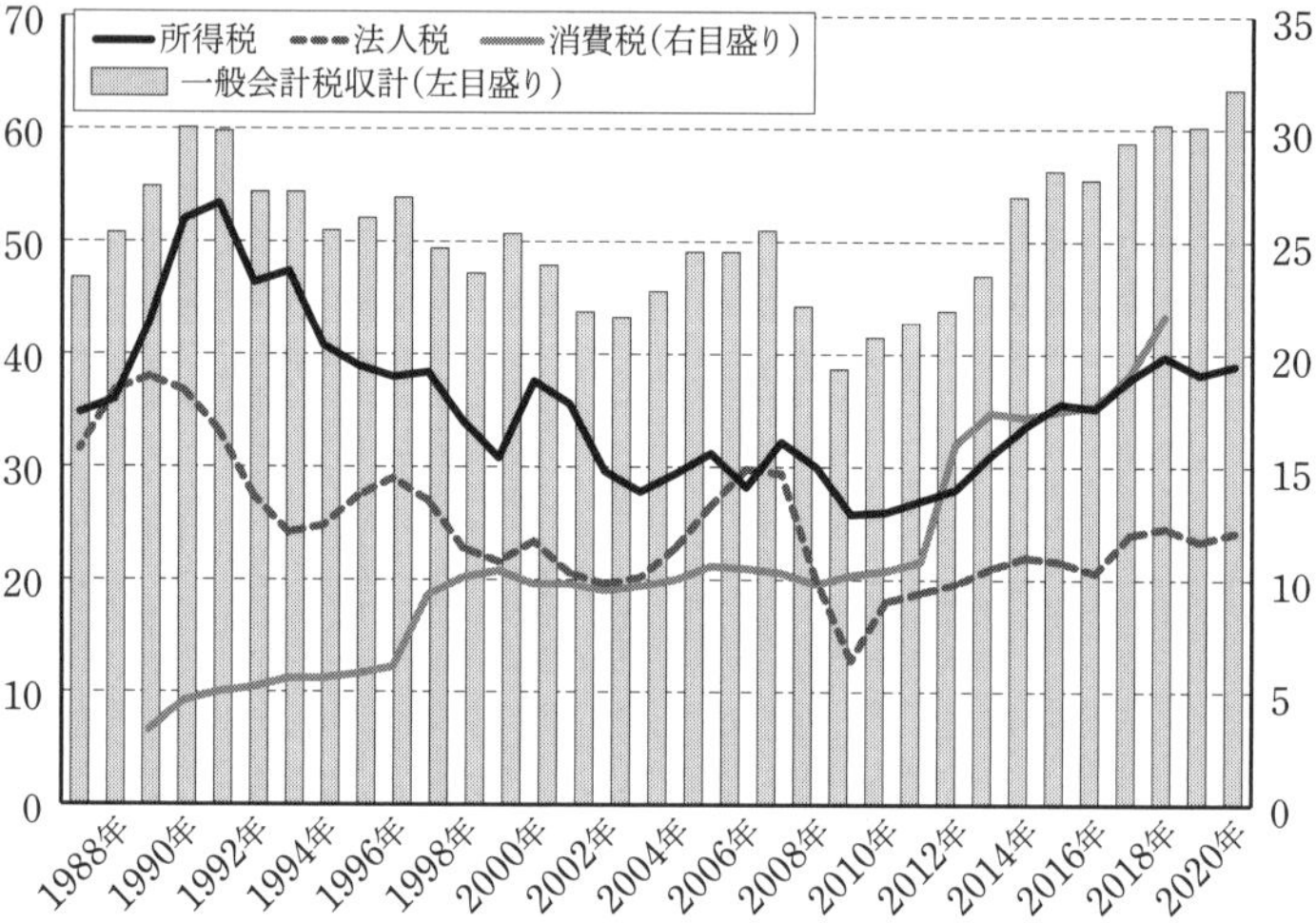

ど、総額10兆円程度の緊縮財政を行いました。

当時の日本経済は、１９９５年１月の阪神・淡路大震災後の復興が進んでいたこともあって、バブル崩壊後に失速した景気がちょうど上向きに転じたところでした。しかし、橋本政権の増税と緊縮財政の影響により、１９９８年度の名目ＧＤＰは前年度比マイナス２％の５０３兆円となり、**約10兆円も縮小**することになりました。

物価の動向を表す指標であるＧＤＰデフレーター（名目ＧＤＰ÷実質ＧＤＰで算出。一般的に増加率がプラスならインフレ、マイナスならデフレと判断される）は、橋本増税後の１９９８年度にマイナス０・５％に転落。その後、**２０１３年度まで一度もプラスに戻らないという深刻なデフレ不況**に陥っていっ

たのです。

橋本増税により、確かに1997年度の消費税収は前年度の6・1兆円から9・3兆円まで3兆円あまり増えました。その後、2014年度の消費税率8％になるまで9兆円台後半から10兆円台前半で横ばいに推移しています。

しかし、増税によるデフレ不況のため、その間の所得税収・法人税収は大きな打撃を受けて、下降傾向になっています。

特に橋本増税直後の1998年度と1999年度は2年連続で法人税・所得税ともに大幅に下落し、全体の税収も大きく減っています。1999年度と橋本増税前の1996年度を比較すると、**所得税収マイナス3・6兆円、法人税収マイナス3・7兆円**にも及んでいます。

対して消費増収はプラス4・3兆円ですが、**一般会計税収全体ではマイナス4・9兆円**なので、増税したのに税収が減っているという事態になっています。これらの数字は1997年の橋本政権による緊縮財政・増税路線が完全に間違いであり、本末転倒の結果を招いたことをはっきりと示しています。

最近の数値と比較しても、2018年度の一般会計税収は橋本増税時の1997年度に比べ、6・5兆円増えただけで、**消費税収分のプラス8・4兆円を2兆円も下回っています。**

しかも、**子育て世代の30〜40歳代の平均給与は20年前よりも低い**ので、消費税が家計に与える負担は以前よりも深刻になっているのが実情です。

２０１４年度の安倍政権による消費税増税以降、一般会計税収が着実に伸びている印象を受けますが、グラフをよく見るとほぼ横ばいの法人税収を所得税と消費税の増収分でカバーしているだけだということがわかります。

税金をとりやすくて文句も言わない家計からとことんおカネをとり、抵抗されると面倒な法人からの徴税を避けたいという政治サイドの心理が反映されているようです。

どうすれば税収が増えるかは小学生でもわかる

税収は、その国の経済と連動して増減するものです。景気が良くなって企業の業績が伸び、人々の収入が増えて消費が活発になれば、税収はそれに比例して増えていきます。反対に不景気になれば税収は減ります。

税収を増やすには、景気を良くするしかありません。

それは過去の統計データからも明らかです。名目ＧＤＰと所得税・法人税及び消費税など一般会計税収の前年度比の伸び率を比べてみると、名目ＧＤＰが前年度比で伸びれば税収が増え、

税収とGDPの前年度比増減率(%)

データ:CEIC　注:19年度の税収は見込み

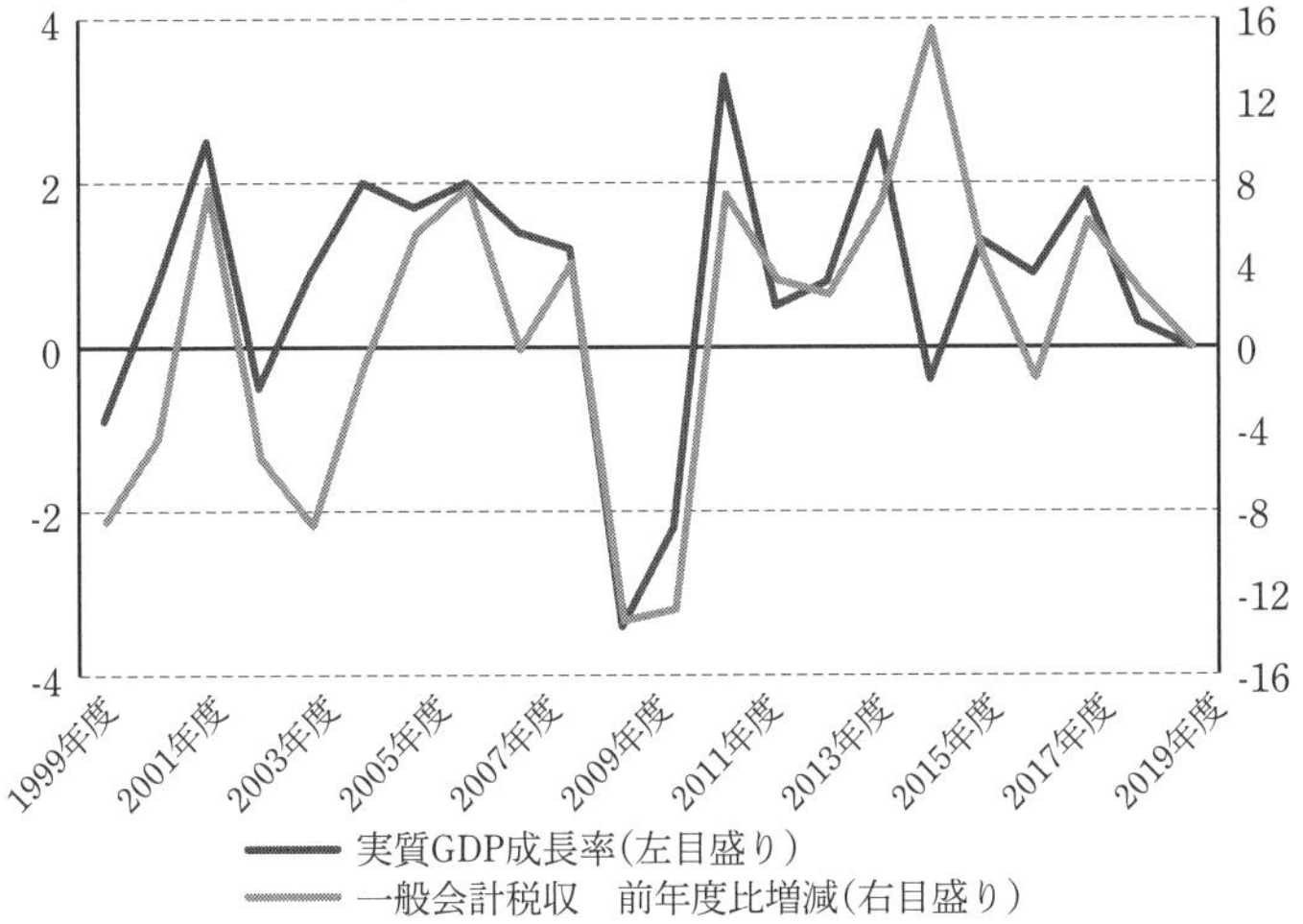

下がれば税収も減っていることがわかります。

上のグラフでは、名目GDPの増減に比べて税収の変動率が大きいので目盛幅を調整していますが、**両者には明らかに相関関係があります。**

つまり、政府が税収を上げるためにとるべきもっとも効果的な政策は増税ではなく、むしろ減税をはじめとする積極的な景気刺激策を行って成長率を高め、名目GDPを増やすことです。

こんな理屈は、経済学の基礎中の基礎であり、しっかり説明すれば小学生でも理解できるきわめて簡単な話です。

それを**大手メディアが一切指摘せず、財務官僚のレクチャー通りの説明を繰り返す日本の経済ジャーナリズムの現状**を思うと、もはや怒りを通り越して情けない気持ちになります。

財務官僚も日本が財政破綻するとは思っていない

なぜ財務省はそこまで増税に情熱を燃やしているのでしょうか。国民の暮らしを無視し、景気が悪くなることがわかっていながら、なぜ増税路線をやめないのでしょうか。

増税は官僚を楽にさせます。それは財務省に限った話ではありません。

税率を上げてしまえばしめたもので、自分たちが好き勝手にできる予算を確保できます。給与カット、人員削減の圧力からも逃れられますし、自省の権益も広げられます。だから**官僚たちは景気をまったく顧みることなく、隙あらば増税を狙っている**のです。

とくに**財務官僚には先輩たちが引いてきた増税路線を踏襲しなければいけないという意識**があります。学校の部活でよくわからずにヘンな習慣を代々先輩から受け継いでいるようなものです。しかし、それに逆らえば省内の出世コースから外れてしまいます。所属する人間が組織の論理に逆らえないのは、どの組織にでも当てはまることです。

実は財務官僚たちも、本気で日本が財政破綻するとは思っていません。

そもそもデフレの国で財政破綻が起きるという理論自体が机上の空論です。

「財政破綻（デフォルト）」とは市場で信用を失った国債の相場が暴落し、国債金利が高騰することを意味します。近年では2012年のギリシャがその典型例で、「10年物国債」の利回りが30％近くまで上がりました。

しかし、**EU参加国であるギリシャは自国通貨を持たないうえに、国債の大半を外国の投資家が保有**していました。ユーロ不安が起きれば、信用度を表す「格付け」が低いギリシャ国債が真っ先に売られるのは必然です。しかも自前の発券銀行がないため、日本やアメリカのようにおカネを刷って国債を買い支えることもできません。

日本でも、当時の民主党政権は財務省の言いつけ通り「増税しないと日本はギリシャのように財政破綻する」と世間に訴えていましたが、そんなギリシャのケースを日本に当てはめるのはかなり無理があります。

一方で財務省は、海外に対しては国内とは真逆のメッセージを送ったことがあります。すこし古い話ですが、2002年に日本国債が外国の格付け会社3社（Moody's、S&P、Fitch）によって格下げされた際、財務省は**「日本の財政破綻はありえない」**として3社にはっきりと反論しているのです。

当時の反論文書は今でも財務省のHP上で閲覧することができます（次ページ参照）。紙面の関係上すべてを紹介することはできませんが、**「日・米など先進国の自国通貨建て国債のデフォルトは考えられない」「マクロ的に見れば、日本は世界最大の貯蓄超過国」「その結果、国**

外国格付け会社宛意見書要旨

[英文]

1. 貴社による日本国債の格付けについては、当方としては日本経済の強固なファンダメンタルズを考えると既に低過ぎ、更なる格下げは根拠を欠くと考えている。貴社の格付け判定は、従来より定性的な説明が大宗である一方、客観的な基準を欠き、これは、格付けの信頼性にも関わる大きな問題と考えている。
従って、以下の諸点に関し、貴社の考え方を具体的・定量的に明らかにされたい。

(1) 日・米など先進国の自国通貨建て国債のデフォルトは考えられない。デフォルトとして如何なる事態を想定しているのか。

(2) 格付けは財政状態のみならず、広い経済全体の文脈、特に経済のファンダメンタルズを考慮し、総合的に判断されるべきである。
例えば、以下の要素をどのように評価しているのか。
・マクロ的に見れば、日本は世界最大の貯蓄超過国
・その結果、国債はほとんど国内で極めて低金利で安定的に消化されている
・日本は世界最大の経常黒字国、債権国であり、外貨準備も世界最高

(3) 各国間の格付けの整合性に疑問。次のような例はどのように説明されるのか。
・一人当たりのGDPが日本の1/3でかつ大きな経常赤字国でも、日本より格付けが高い国がある。
・1976年のポンド危機とIMF借入れの僅か2年後（1978年）に発行された英国の外債や双子の赤字の持続性が疑問視された1980年代半ばの米国債はAAA格を維持した。
・日本国債がシングルAに格下げされれば、日本より経済のファンダメンタルズではるかに格差のある新興市場国と同格付けとなる。

2. 以上の疑問の提示は、日本政府が改革について真剣ではないということでは全くない。政府は実際、財政構造改革をはじめとする各般の構造改革を真摯に遂行している。同時に、格付けについて、市場はより客観性・透明性の高い方法論や基準を必要としている。

財務省が格付け会社3社に送った反論書簡の要旨。現在も財務省のHP上で閲覧できる。
出典：財務省ウェブサイト（https://www.mof.go.jp/about_mof/other/other/rating/p140430.htm）

債はほとんど国内で極めて低金利で安定的に消化されている」など、これが同じ財務省かと目を疑うほど〝まともな〟主張が並んでいます。

これほど鮮やかな〝二枚舌〟はそう見られるものではないので、みなさんもぜひご一読ください。

“オオカミ少年”を演じてきた財務官僚と経済学者

財務官僚のずるいところは、**主張を自らの口では語らず、経済学者やメディアに代弁させているこことです。**

2020年5月30日付日本経済新聞朝刊の「経済論壇から」（土居丈朗慶應大学教授が執筆）には「公的債務の膨張に警鐘」という見出しで、財務省と見解の近い経済学者たちの「コロナ後を見据えた論考」がまとめられていました。

それによると、学習院大学教授の伊藤元重氏は「コロナ後に世界の景気が急回復していくなかで民間部門の資金需要が拡大していけば、長期金利が上昇する要因となりうる」、東京大学名誉教授の岩井克人氏は「人々の間でおカネがジャブジャブ広がれば、貨幣に対する信頼が失われて流動性が崩れ、ハイパーインフレーションが起きる可能性も否定できない」、立正大学教授の池尾和人氏は「生産回復に先行した需要刺激策は、特定品目の物価上昇を招きかねず当面不要」とそれぞれ論じています。

伊藤・岩井両氏は国債発行の膨張の結果、国債暴落や悪性インフレ・リスクが高まるとみなし、池尾氏は家計への現金給付や消費税の減税は不要だと言わんばかりです。

財務官僚はこれからも同様の「コロナ後を見据えた論考」がメディアを通じて経済学者の口から語られることを期待しているのでしょう。

一方で政治サイドでは注目すべき動きも見られます。

麻生太郎財務大臣は5月29日の記者会見で「コロナ後には増税などで財政規律を取り戻していく必要があるか」と質問され、「経済が活性化しないと財政の改善もできない。増税に頼るのではなく景気回復によって税収を伸ばすことを目指すのが第一だと思う」と、前々からの私の主張と同じことを語っているのです。

また、5月12日の記者会見では、記者から「国の借金が過去最大で、さらにどんどん膨らんでいくことによって日本の財政への信認というのが損なわれてしまうのではないか」と聞かれると、麻生氏は、国債発行残高が膨らんでいるのに国債がどんどん買われて金利が下がっているという現実を取り上げ、「金利が上がるぞ、上がるぞと言ってオオカミ少年みたいなことをやっているわけだよね」「今のうちにさっさとそれを最大限に活用してやっていかなければ、経済対策、財政政策を考えなければいけないということだと思いますね」と正論を述べています。現時点で過度の期待は禁物ですが、もしかすると麻生氏はコロナ・ショックで財務省の〝洗脳〟から目覚めたのかもしれません。

それよりも残念なのは、私の知る限りでは**この麻生氏の発言をメディアが一切報じていない**

ことです。よりにもよって財務大臣が財務省にとって都合の悪い発言をしたので〝自粛〟したのでしょうか。だとしたら彼らにはジャーナリズムを名乗る資格すらありません。

ところで、麻生氏は同日の会見で「国債が増えても、借金が増えても金利が上がらないというのは普通私たちが習った経済学ではついていかないんだね、頭のなかで。今の答えを言える人が多分日銀にもいないんだと思うけれどもね」とも述べていました。

その疑問に対する答えは簡単です。

日本が緊縮財政と消費税増税によってモノの需要が萎縮する慢性デフレに陥っているので、国債に代表されるおカネの価値がモノに対して上がっているからです。

日本の国債は安全資産として国際的に需要があります。マイナス金利でも世界中の金融機関が買い求めるぐらいです。

しかし、それほど需要があるのに、政府が緊縮財政を行っているため国債を追加発行して増やすことができません。また、民間の金融機関や保険会社も、日本国債ほどの安全資産は他にないので、すでに保有している国債を売りたがりません。その結果、市場に出回る国債が不足して需要が供給をはるかに上回り、日本国債の金利がどんどん下がっていく（価値が上がっていく）というわけです。

この「不都合な真実」を認めたくない財務官僚や経済学者は、ひたすらオオカミ少年を演じ、世を惑わし続けてきました。彼らも経済の専門家ですから、本当は麻生氏の疑問に答えられるはずです。麻生氏のまわりには「答えを言える人がいない」のではなく「答えを知っているのにあえて言わない人」たちがいるのです。もっとも、本当に「答えを知らない」専門家も一部いるのかもしれませんが。

財務省の財政均衡絶対主義が日本を滅ぼす

財務官僚たちはこれまで「財政健全化」を訴えて緊縮財政を推進してきました。すなわち、増税によって吸い上げたおカネを一部しか国民に返さず、残りを借金返済にあてて国債の発行額を減らしていくというやり方を、たとえデフレ不況下だろうと強引に続けてきたわけです。

その結果、日本経済は成長せず、国民の所得が増えず、国内投資も活発にならないという悲惨な状況から20年以上も抜け出せずにいます。

しかし一方で、**実は財政収支の面だけでみると、日本は今や先進国のなかでも〝優等生〟の部類に入る**ことをご存じでしょうか。

コロナ・ショックを経て今後の状況は変わるかもしれませんが、少なくとも2019年時点

日米欧及び中国の一般政府財政収支赤字のGDP比（%）

データ：CEIC、IMF

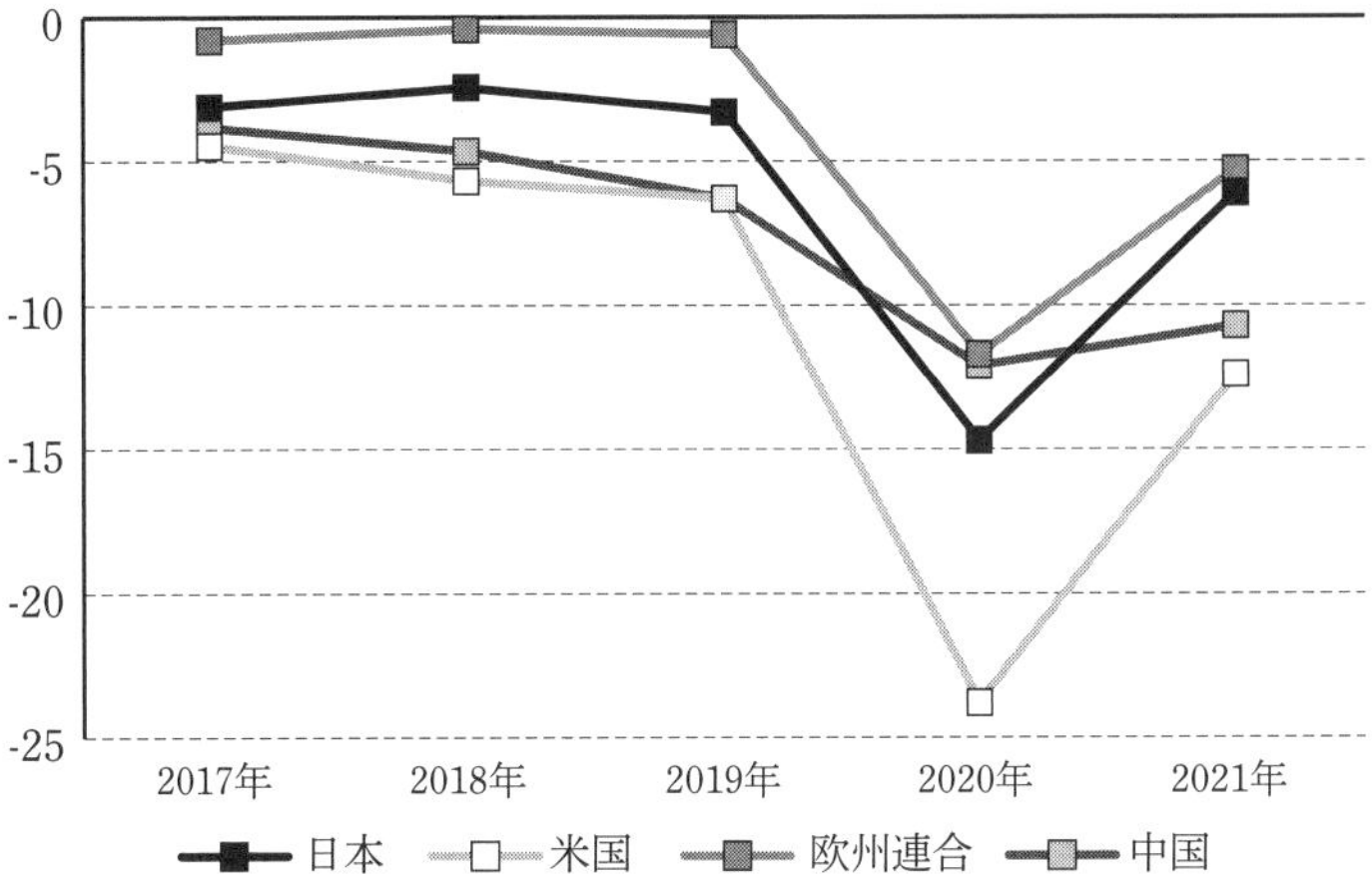

では、日本の財政収支は国際水準で見てもかなり優秀でした。

上のグラフは、日本とアメリカ、ドイツ、フランス、先進国平均の一般政府（中央、地方の各政府と社会保障基金の合計）の財政収支の対ＧＤＰ比の推移です。

日本の財政収支赤字の対ＧＤＰ比は２０１５年あたりから着実に縮小し、２０１８年からは先進国平均よりも財政収支状況が改善しました。特に**アメリカと比べるとかなり「健全」**であることがわかります。

しかし、一方でこの財政収支「改善」は国民経済にとってあまり喜ばしいものではありません。と言うのも、これはあくまでも**緊縮財政と増税によってもたらされた「財政健全化」であり、日本の経済成長を犠牲にして成り立っている**ものだからです。

日本の財政が健全化されたことは、財政均衡化を金科玉条としている財務省上層部のエリートにとっては喜ばしいことでしょう。

しかし、それによって疲弊するのは国民と国力です。

自分たちの省の論理、すなわち**財務省の〝省是〟となっている財政均衡化絶対主義のために日本国民と国力が衰えていく現状を財務官僚たちは無視**しています。

もちろん、財務省側にも言い分はあるでしょう。

国の財政に関する基本法である財政法の第4条には「国の歳出は、公債又は借入金以外の歳入を以て、その財源としなければならない。但し、公共事業費、出資金及び貸付金の財源については、国会の議決を経た金額の範囲内で、公債を発行し又は借入金をなすことができる」と書かれており、原則として借金に頼らず、財政の均衡を維持するよう定められています。なので、財務官僚からすれば緊縮財政・増税路線の推進も「自分たちは法律に従って仕事をしているだけです」ということになります。

しかし、そもそも財政均衡は緊縮財政や増税をしなければ実現できないのでしょうか。

経済がデフレで委縮している時まで緊縮財政や増税をする必要はあるのでしょうか。

財政法がどうであれ、その上に位置する最高法規の日本国憲法には「すべて国民は健康で文化的な最低限度の生活を営む権利を有する」（第25条）と書かれています。「法律に従って仕事をしている」のであれば、財政均衡（財政健全化）と引き換えに国民の「健康で文化的な最低限度の生活」を脅かしている、デフレ不況下での緊縮財政・増税路線をすぐにやめるべきです。

財務省や財務官僚を叩いても問題は解決しない

ひとつみなさんに誤解してほしくないのは、別に私は財務省や財務官僚だけを悪者にするつもりはないということです。それどころか、彼らを叩いたところで何も始まらないと思っています。

日本経済を復活させるのは財務官僚ではなく政治家の仕事です。

財務官僚は、ある意味で彼らの言う通り、法律にのっとって真面目に自分たちの仕事をしているだけです。その結果として、日本経済がギネスブック級の長期低迷に陥っているわけですが、やはり**最終的な責任は政治**にあります。

官僚は政治がコントロールすべきであって、政治が官僚にコントロールされているようでは話になりません。国民に選ばれた政治家が官僚を使いこなして政策を実行していくのが民主主義国家の健全なあり方です。

もちろん、財務省の組織としての体質や権力が集中しやすい構造などについては見直す必要はあるでしょう。しかし、それを実行できるのも、するべきなのも政治家以外にはいません。**本当に批判されるべきは財務省や財務官僚ではなく、経済成長に意識が向かない政治家たち**です。

日本経済の復活のためには、まず政治家が経済成長の必要性に目覚めなければいけません。しかし、残念なことに最近では与野党ともに**政治家のほうが財務官僚以上に財政均衡主義者であり、財務省思考に染まってしまっている**という話も耳にします。

政治家が「財政再建には増税が必要だ」などと堂々と口にしている国は日本ぐらいです。本来なら与党も野党も関係なく「財政再建には経済成長が不可欠。そのためには減税が必要だ」と声を上げなければいけません。

日本は先進国のなかでも抜きんでて経済成長に対する政府の役割が大きい国です。と言うのも、日本の国家予算は、一般会計と特別会計を合わせるとGDPの半分以上になるからです。2019年度を例にすると、GDP約550兆円に対し、一般会計が約100兆円、特別会計（会計間の重複分を差し引いた純計額）が約200兆円もあります。

ＧＤＰの５割を超えるおカネを国家予算として動かす以上、日本経済の景気が良くなるのも悪くなるのも結局は政治次第ということになります。

だからこそ、政治家の責任は重大なのです。

しかし、現状はその日本経済を左右する大事な部分を肝心の政治家たちが財務官僚任せにしてしまっています。財務省は職務上財政収支が最大の関心事ですから、どうしても財政を均衡させる方向に動きます。財政均衡に縛られているようでは、打つべき時に有効な経済政策が打ち出せず、良くなる景気も良くなりません。

企業でたとえるなら、会社の経営を社長（政治家）ではなく経理部（財務省）がやっているようなものです。しかも、経理部がやたらと社長に指図して威張っています。

本来経理部が威張る理由はありません。

営業で顧客を増やしたり、新しい商品や技術を開発したりというような〝付加価値〟をつくり出しているわけではないからです。

もちろん、収支の計算をしっかりしておカネの管理をするのも大切な仕事には違いありませんが、だからと言って経理部が威張って会社の舵取りをしていたのでは、その会社の成長は見込めないでしょう。

しかし、社長が自分のやるべき仕事をサボって経理部に丸投げしているのであれば、会社の業績が悪化したところで経理部を責めるのは筋違いです。

コロナ・ショックによって財務省思考の限界が明らかになった今こそ、私たちは**日本経済を停滞させている根本的な原因が〝政治〟にある**ことをしっかりと認識しなければなりません。

第6章

世界が日本経済の復活を待ち望んでいる

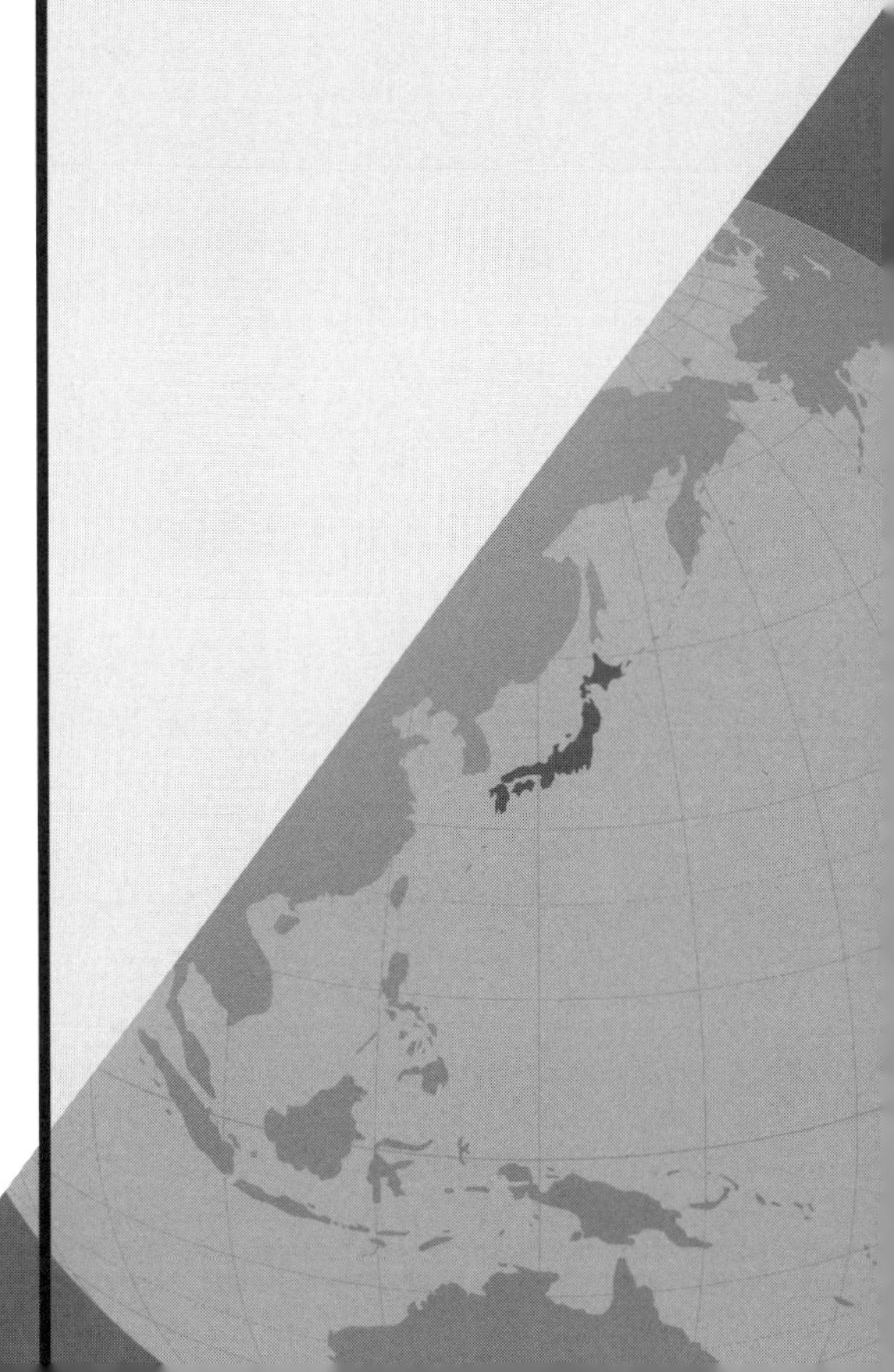

消費税は「天下の悪税」

これまでも、そしてこれから先も、日本の経済成長にとって大きな障害になっているのが消費税です。消費税こそ日本経済の停滞の元凶であり、国民の安心と安全を支える経済成長をぶち壊している**「天下の悪税」**と言っても過言ではありません。

いかに**消費税が〝悪税〟であり〝失敗〟**だったかは、いろいろなデータからも明らかにできます。

次ページのグラフは、消費税増税調整後の消費者物価上昇率と、全雇用に占めるパートの比率の推移を追ったものです。これを見ると、**消費税（の増税）が日本の雇用を歪め、デフレを引き起こしてきた**ことがよくわかります。

消費税を上げるとその分だけ物価が上がります。たとえば消費税率を5％から8％に引き上げたなら105円の商品が108円になるように、3％分だけ物価が上がります。この消費税による物価上昇分を除外するよう調整した「正味の物価の上昇率」がグラフにある「消費税増税調整後の消費者物価上昇率」です。

それを踏まえて改めてグラフを見てみると、消費税の影響を除外しているはずなのに、消費税を増税したタイミングで物価が上がっていることに気づきます。これは企業をはじめとする

物価と雇用情勢

データ：日銀、CEIC

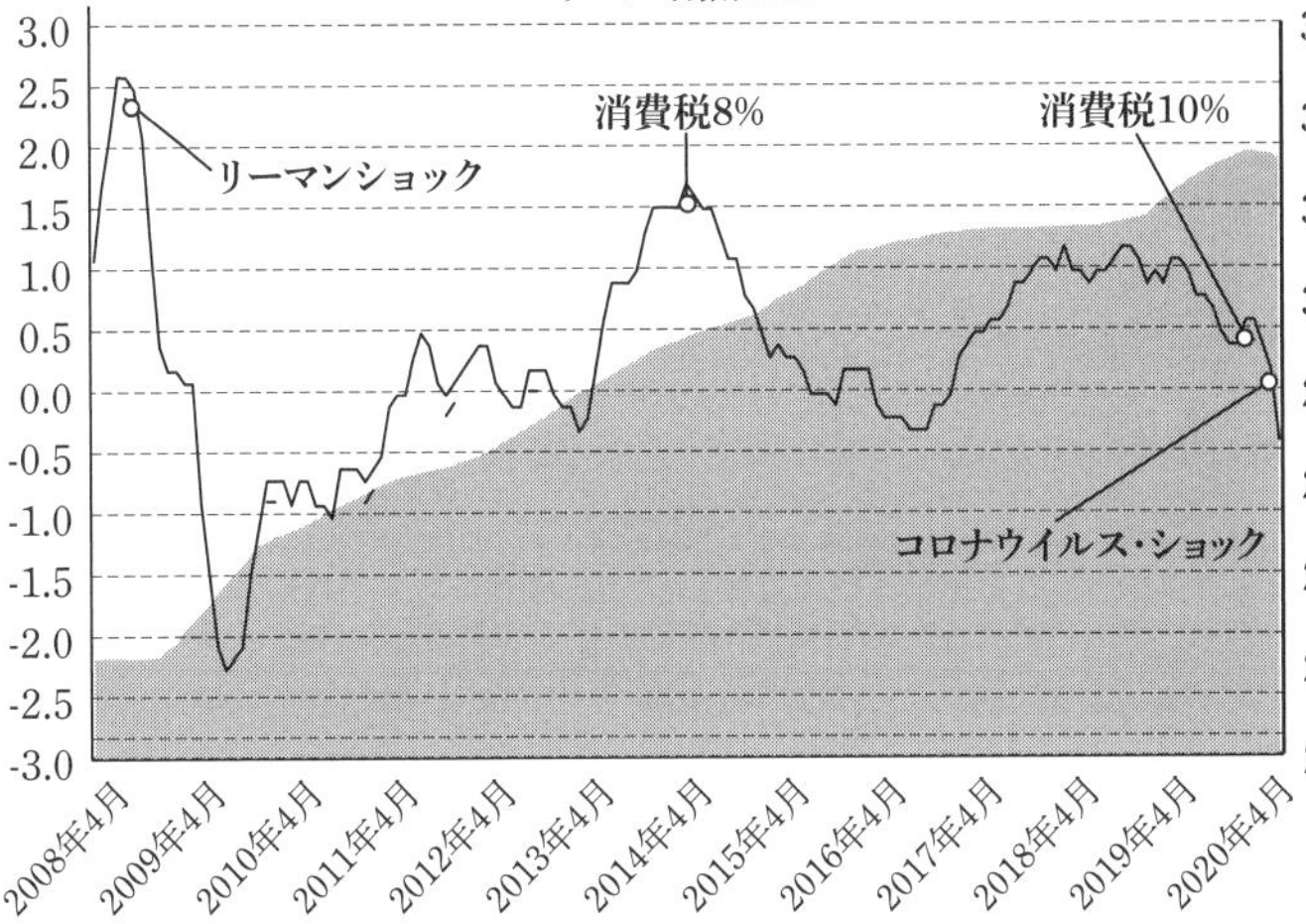

全雇用に占めるパートの比率〔%、12カ月平均〕(右目盛り)

消費税増税調整後の消費者物価上昇率〔%、生鮮食料品を除く〕(左目盛り)

売り手側が消費税の増税に合わせて、いわゆる「便乗値上げ」をしたことなどによるものです。

しかし、その上昇は一時的なものであり、結局は増税によって需要が冷え込んでいくので、増税直後には物価が下がっています。**消費税の増税が日本経済に強烈なデフレ圧力を加えている**ことがここから読み取れるわけです。

一方、全雇用に占めるパートの比率は右肩上がりに増えていっています。近年は30%を超えていますが、橋本内閣が消費税率を3%から5%に引き上げた1990年代後半にはまだ15%程度でした。パートだけでなく、派遣社員なども加えた非正規雇用全体の比率で言うと、現在では40%近くにまで到達してい

賃金と物価の増減率〔2020年4月の対2012年4月比〕(%)

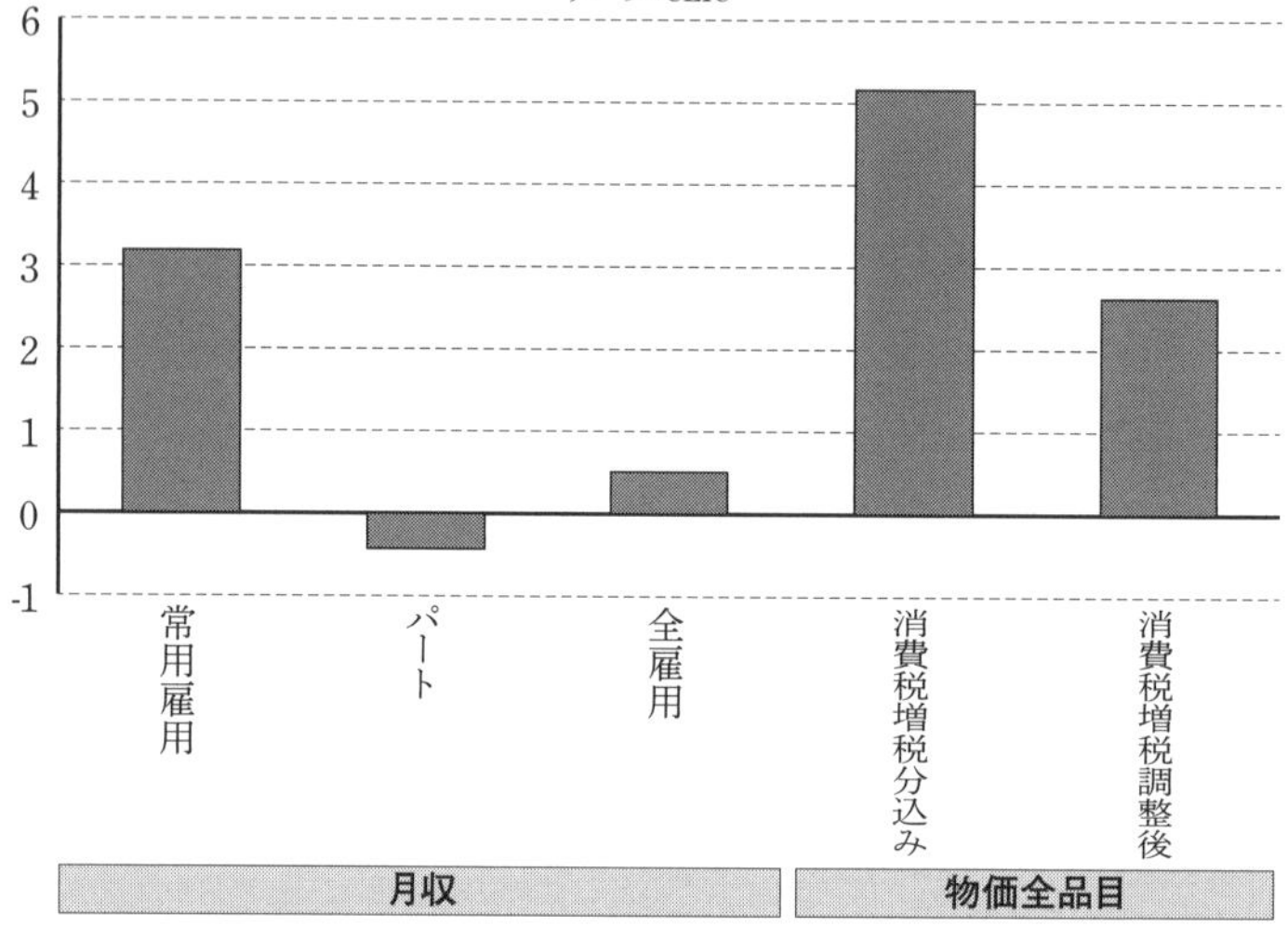

ます。

消費税の増税によって日本経済にデフレ圧力が加わった結果、このように日本の雇用構造までもが大きく歪められてしまったのです。非正規雇用の比率の増加は、いわゆる格差社会の問題とも直結しています。

上のグラフは日本における賃金（正社員などの常用雇用とパートの月収）と物価（消費税増税分調整前と調整後の消費者物価）について、２０１２年４月に対する２０２０年４月の増減率を示したものです。ようするに、現在の日本は８年前と比べてどれだけ賃金と物価が増減したのかを表しています。２０１２年を選んだのは、その年の12月に始まったアベノミクス前と比較するためです。

結果は一目瞭然、アベノミクス開始から8年も経ったのに、月収は常用雇用で3・1%（1万965円）と微増にとどまり、パートに関しては0・4%（413円）減少しています。全雇用で見ても0・5%（1394円）しか増えていません。

一方、物価はどうでしょうか。

消費税増税分込みで5・1%、増税分抜き（消費税増税調整後）で2・6%上がっています。正社員（常用雇用）ですら3・1%しか賃金が上がっていませんから、消費税の増税を踏まえると8年前よりも確実に日本人の懐具合が苦しくなっているのです。

8年前と比べて月収が減っているパートはさらに悲惨です。日常生活で消費税の負担が重くのしかかるうえに、コロナの感染拡大などの非常時には、パートをはじめとする非正規雇用の人々たちが真っ先に雇用契約を打ち切られてしまいます。そんな危うい状況の人々が、パートだけでも日本の雇用の3分の1、非正規雇用全体で見ると実に4割近くに達するわけです。

私は日本が大変な格差社会になりつつあることに大変な危機感と憤《いきどお》りを感じています。

このような状況でコロナ後の増税を考える神経がまったく理解できませんし、到底許されるものではありません。

日本を苦しめてきたデフレの正体は「賃金デフレ」

政治は最低限の役割として、国民の賃金の上昇を支えていく必要があります。もし増税をしたいのであればなおさら、**最低でも増税分を上回るだけの賃金の上昇を担保**しなければなりません。経営者がケチで、なかなか従業員の給料を上げないなどの個別のケースは当然あるでしょうが、日本社会全体の問題として、**労働者の賃金が上がる環境を整えるのは政治の仕事**です。

先ほど見た2012年4月に対する2020年4月の賃金・物価の増減率を日米で比較してみましょう（次ページグラフ参照）。

CPI（消費者物価指数）は消費者が購入する商品やサービスの価格の変動を表す指数で、インフレ・デフレを判断する目安となります。物価の変動をより詳しく分析する際には、CPI構成品目のうち価格変動が激しいもの、すなわち天候に左右される食料品と、中東情勢に翻弄されるエネルギーを除いた「コアコアCPI」が重視されます。ようするに、需要と供給の関係（純経済要因）で価格が決まるものの物価を総合したものがコアコアCPIです。

コアコアCPIでみると、アメリカのほうが日本よりもデフレになっていることに驚かれるかもしれません。

日米の賃金、物価の増減率〔2020年4月の対2012年4月比〕(%)

データ：CEIC

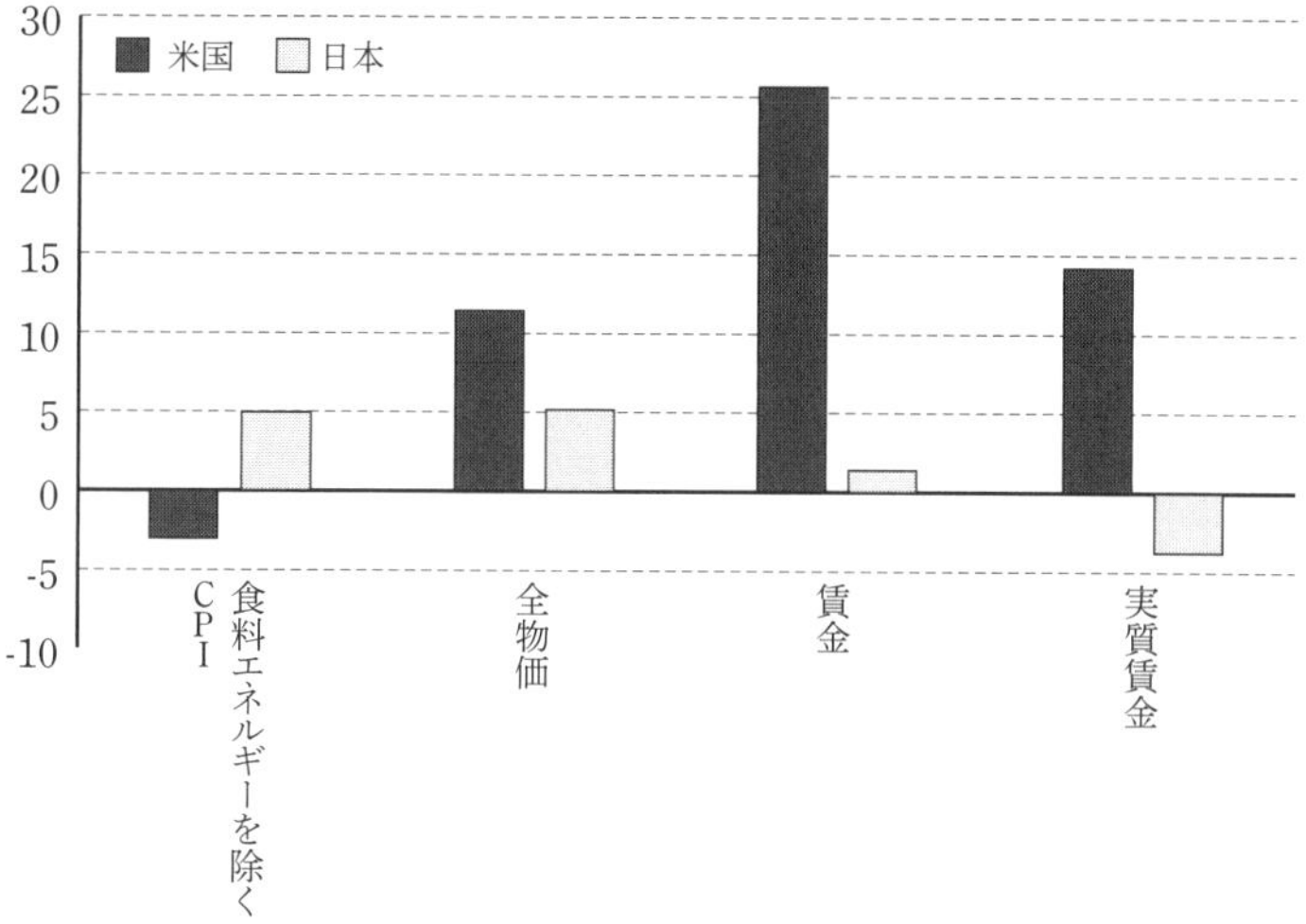

アメリカが8年前と比べて3％減であるのに対し、日本は4・9％増です。

アベノミクスによって日本のデフレ圧力が和らいだかのようにも見えますが、実際のところは前述の通り、消費税の増税分が物価を押し上げただけです。

食料やエネルギーも含めた全物価のCPIで見るとアメリカは日本より上がり幅が大きくなっています（アメリカは11・4％増、日本は5・1％増）。

問題は、その全物価の上昇率を賃金（名目賃金＝給与等の額面）から差し引いた実質賃金の数字です。

私たちの生活が豊かになるか貧しくなるかは、物価の上昇以上に賃金が上がるかどうかで決まります。

物価が上がろうとも、それ以上に賃金が上がれば生活は苦しくなりません。しかし、物価が下がってもそれ以上に賃金が下がるような状況や、あるいは物価の上昇に賃金の上昇が追いつかないような状況になれば、生活は苦しくなります。

名目的な賃金に関しては、日本はこの8年間で**1%ほど**しか上がっていません。上がっていないに等しい状況です。一方、アメリカは**25%以上**も上がっています。しかし、前述の通り、賃金が多少上がったところで、それ以上に物価が上がっていると意味がありません。

では、名目賃金から物価の上昇を差し引いた実質賃金はどうなっているでしょうか。

アメリカは**14%ほどアップ**しているのに対し、日本はなんと**4%ほどダウン**しています。

まさに日本は**「賃金が下がる→消費が抑えられる→経済全体が収縮する」**という**「賃金デフレ」の悪循環**に陥っているのです。

国民を豊かにしてきたアメリカ、貧しくしてきた日本

日米のコアコアCPIのインフレ率と賃金の増減率の推移をリーマン・ショック時の2008年から現在の2020年までの期間で時系列的に見てみましょう。

日米の労働賃金増減率とインフレ率(%)

注：①インフレ率は食料、エネルギーを除く消費者物価上昇率
②賃金は2019年までは12月平均、2020年は４月平均の前年同期比
データ：CEIC

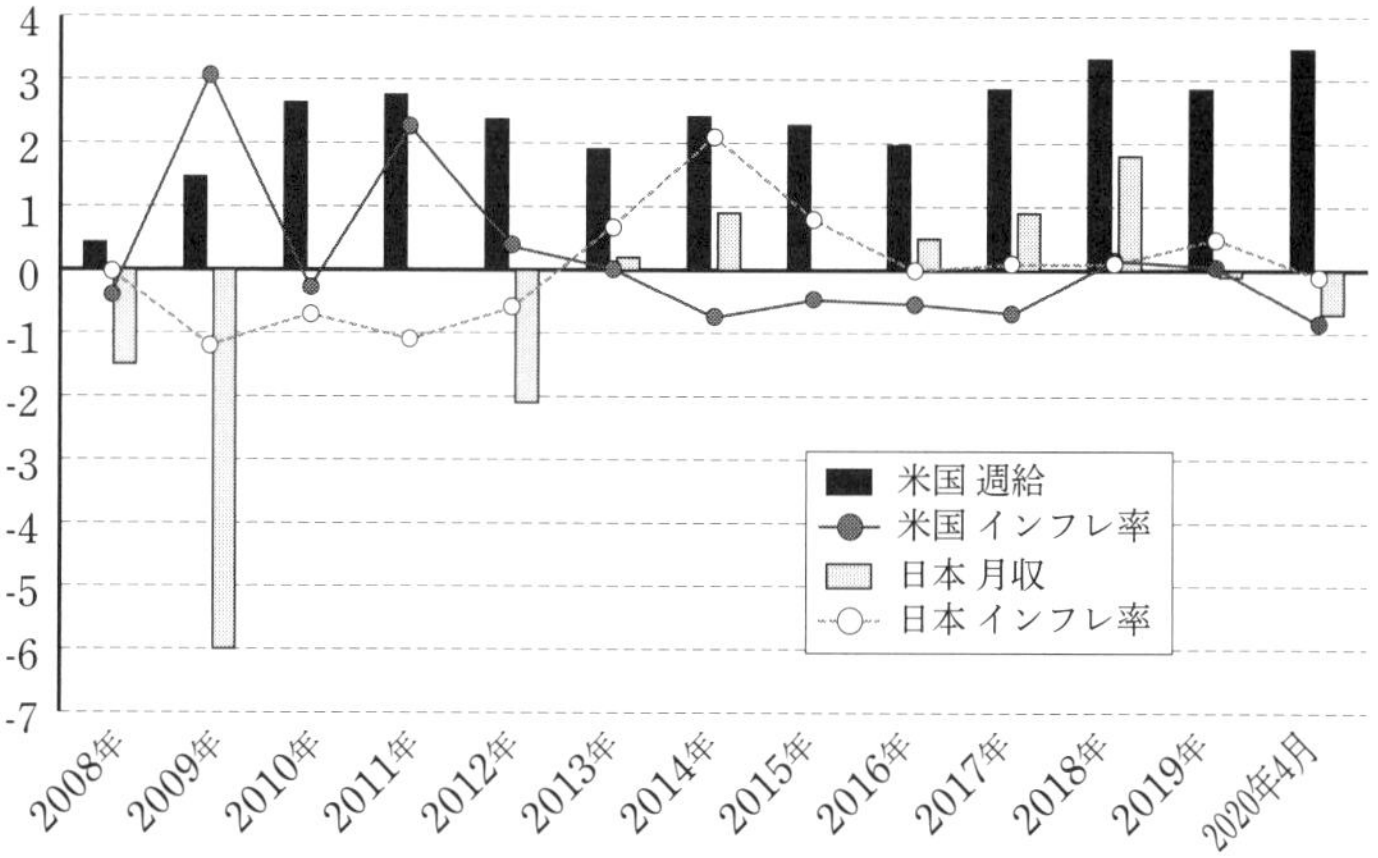

アメリカの賃金はほぼ一貫して上がり続け、その上昇率はトランプ政権がスタートした２０１７年以降には３％前後に達しています。

対照的に、日本の賃金はリーマン・ショック後に大きく下がり、２０１２年12月のアベノミクス開始以降もその上昇率は弱々しいものです。しかも、コロナ・ショックがまだ始まってもいない２０１９年からすでに下落に転じています。

インフレ率の推移を追ってみると、２０１３年からアメリカのデフレの度合いが日本よりも大きくなっています。当時アメリカは強いデフレ圧力にさらされていたわけですが、トランプ政権の誕生により一時０％に戻っています。

メディアは、トランプ大統領が人種差別主義者であり、アメリカの格差問題を深刻化させているかのようにたびたび報じますが、少なくと

も彼の経済政策は賃金・物価の面では成果を上げています。物議を醸《かも》す発言ばかりが注目されがちですが、**経済に関する数字を見る限りではオバマ政権時よりも優秀**です。アメリカ国民の平均的な生活水準は、トランプ政権になってから確実に良くなっています。こうした事実はデータをとってみないとなかなかわかりません。

一方、日本の場合、消費税の増税が行われた2014年と2019年に物価が上がっていますが、賃金のほうはほとんど上がっていません。

賃金が上がらず、消費税で物価だけが上がると、所得の低い人ほど生活が苦しくなります。するると当然、消費も抑制され需要が冷え込むので、経済にデフレ圧力が加わります。その結果、消費税の増税で一時的に物価が上がってもすぐに下落しています。

一般的に企業は、デフレと内需の低迷のため価格を上げられない場合、人件費の圧縮を図ります。すなわち、正社員を増やさず、パートや派遣などの非正規雇用や外国人労働者に頼るようになり、賃上げも自発的に行わなくなるのです。このような雇用のあり方では経済成長を望めないばかりか、低賃金の問題も改善される余地がありません。

こうして日本は消費税の増税を繰り返しながら、賃金デフレの泥沼から抜け出せなくなっているのです。

1600億円の利益で納税額500万円!?
大企業ほど税金が安いおかしな税制

消費税（付加価値税）はフランスが第二次世界大戦後の1953年に世界に先駆けて導入しました。その基本的な考え方は17世紀、「太陽王」ルイ14世の財務総監（財務大臣に相当）ジャン・バティスト・コルベールの唱えた**「徴税の極意」**に由来します。

吉田寛・千葉商科大学教授の著書『市場と会計』（春秋社刊）によると、コルベールは**「生きているガチョウを騒がせずに、その羽毛をできるだけ多くむしり取ること」**こそが「徴税の極意」だと断じました。

そのココロは「騒ぐとやっかいな貴族や僧職には課税せず、宮廷に出入りすることのないおとなしい平民から税を徴収せよ」というわけです。

日本でも消費税が1989年に導入されて以来、財務官僚は何かとうるさい財界には法人税率を引き下げて優遇する一方、収入をむしり取られてもおとなしい家計に対しては隙あらば消費税率アップで臨んできました。

それればかりか、**法人税には企業規模が大きくなればなるほど実際の税負担率が下がっていく**

不思議なカラクリがあります。

真面目に税金を納めているのは主に中小企業なのです。日本の法人税率（国税＋地方税の法人実効税率）は29・74％という建前ですが、２０１８年３月期決算で、ソフトバンクグループの税引き前純利益が１６２４億２２００万円もあるのに、納税額は５００万円、なんと**税負担率０・００３％**しかありません。また、日本製鉄は税引き前純利益１１０９億２２００万円、納税額16億１５００万円で、**税負担率はわずか１・46％**です。これは元国税マンで税制研究の大家である富岡幸雄・中央大学名誉教授が著書『消費税が国を滅ぼす』（文春新書刊）で明らかにしました。

大企業がまともに納税すれば約９兆円の税増収となり、消費税増税は不要どころか、消費税減税が可能になるとのことです。

ソフトバンクや日本製鉄のような超大企業は、日本国の国土や文化・伝統、国民の献身など、日本のあらゆる〝資源〟を最大限利用して巨大な利益を稼いでいます。それなのに、税負担が小さくてもお上からとがめ立てられることはありません。むしろ政治の方もそれを黙認し、羽毛をむしられてもおとなしいガチョウである民衆（家計）に狙いを定めて、何のビジョンも戦略もなく、日本経済に与える打撃を考えもせず、安易に消費税率を上げてきました。

しかし、肝心のガチョウがやせ細ってしまえば、羽毛も取れなくなります。

どれほどやせ細ろうとも、おとなしいガチョウからじわじわと羽毛をむしり取っていくのが消費税という税の本質です。基本的にはそれが「悪税」として機能することを政治家のみなさんはしっかりと認識してほしいと思います。

企業が儲けても法人税がそれほど増えないカラクリ

次ページのグラフは財務省の法人企業統計にある金融・保険業を含む全産業の利益（税引き前純利益）、法人税収（法人税、住民税及び事業税）と税負担率の推移です。

税引き前純利益はリーマン・ショック後の2009年度から回復過程に入り、アベノミクスが本格的に始まった2013年度から増勢に弾みがつきました。2018年度は約91・6兆円で2008年度（約18・7兆円）の4・9倍に上ります。このように企業の利益はリーマン・ショック後から右肩上がりで増えてきたわけです。

企業の利益が増えれば法人税収も増えるはずですが、全体的に微増で推移しています。2008年度の約15・3兆円に対して2018年度は22・5兆円であり、1・5倍程度の増加しかありません。

法人企業（金融機関を含む）の利益と税負担率

データ：財務省法人企業統計

注：税負担率は当期の法人税、住民税及び事業税合計額の税引き前利益に対する割合

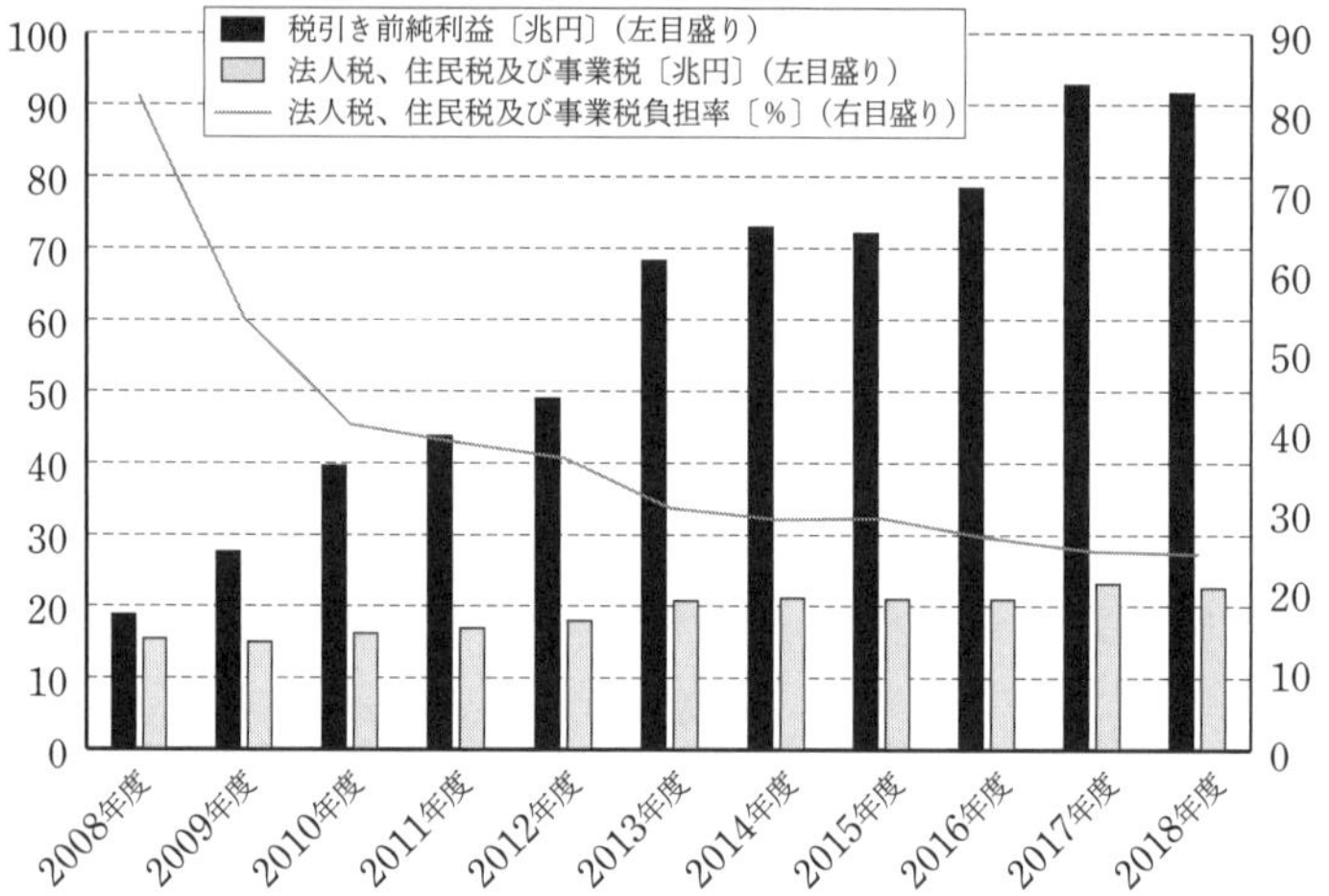

また、税引き前純利益に対する法人税収の比率（税負担率）を見ると、利益の増加と反比例する形で右肩下がりに落ち込んでいます。**企業（金融機関を含む）の儲けが増えても、税の負担はむしろ軽くなっている**わけです。

巨額の収益を上げながら、税をほとんど払わない企業は日本企業としての義務をないがしろにしていると非難されてしかるべきでしょう。しかし、そもそもそれを可能にしているのは法人税の税制です。

多国籍化している大企業は海外法人からの配当収入への課税を最小限に抑えられます。また、海外の子会社が現地で納税すれば、日本からの課税を免れることができます。法人税にはそうした〝逃げ道〟があるため、グローバル企業は海外の税率の低い国や地域に利益を集中させて

いるのです。

米国も欧州も、法人税を引き下げて、本国企業を国内に引き止め、外国企業を引きつけようと競っています。安倍政権もそれにならって法人税率を引き下げ、企業の対外シフトを食い止めようとしてきました。２０１４年度には34・62％だった法人税率（国税＋地方税の法人実効税率）はその後の改革により、32・11％（２０１５年度）、29・97％（２０１５年度）、29・74％（２０１８年度）と引き下げられています。

しかし、**日本経団連など経済団体はさらなる法人税減税を求めています。**

それと引き換えに彼らが提案しているのが**消費税の増税**です。

消費税収は比較的景気に左右されにくいという名分もあるので、与党議員の多くは経団連と財務省が推進する消費税の増税路線に乗っかり、法人税の減税とセットで実施してきました。

あの手この手で税金を安くできる大企業と違い、ガチョウである家計は、賃金が増えないなかで消費税の増税をおとなしく受け入れてきました。

日本政府はまさにコルベールの「徴税の極意」を実践しているのです。

日本で事業を営む企業は、日本と日本国民のために存在すべき

企業が税負担を軽くして、税引き後利益を増やしたいと考えるのは当然のことです。しかし、企業がそうして手にした利益を内部留保（利益準備金）として貯め込むだけでは、国内経済（実体経済）が停滞してしまいます。**企業の利益は設備投資や賃金・雇用に投入されてこそ経済の成長につながる**のです。

日本企業はアベノミクス開始後の２０１４年度以来、経常利益のうち６割前後しか設備投資に回していません。アベノミクスのおかげで企業は利益を増やしてきましたが、納税・投資・雇用の面で国民経済に貢献してきたとは言い難い状況です。バブル崩壊不況の１９９０年代後半でさえ、企業は経常利益の１・５倍以上を設備投資に回していました。20年以上続くデフレの間に企業の血気が失せたと言わざるを得ません。

経済が成長する国の企業は借金をしてでも設備投資におカネを回すものですが、近年の日本企業は、低金利で借金をしやすい状況にもかかわらず、設備投資を増やしていません。代わりに何をやっているかというと、**ひたすらおカネを貯めている**のです。

ここ数年の企業の内部留保（利益余剰金）はＧＤＰの増加分の数倍を上回るほどの相当な

日本企業の設備投資と経常利益(兆円)

データ:財務省

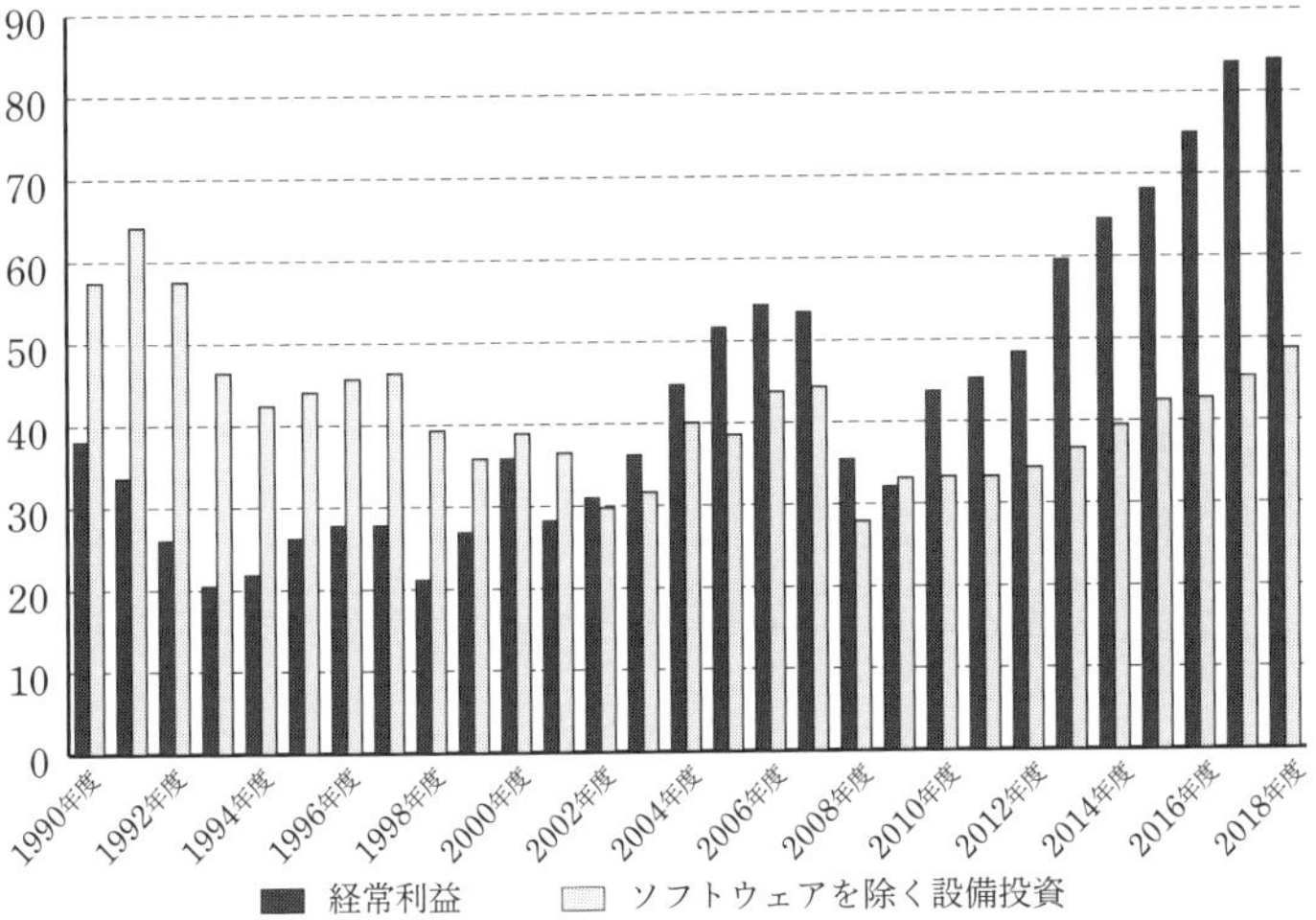

額にのぼっています。２０１８年度には**約４３０兆円**にも達しており、同年度の日本のＧＤＰ約５３０兆円に迫る勢いです。特に**１９９７年の消費税の増税以降、内部留保の増加傾向が顕著**になっています。

繰り返しますが、内部留保は賃金・雇用や設備投資に使われなければ経済成長にはつながりません。

日本で事業を営むあらゆる企業は、日本国と国民のために存在すべきです。

それは、日本の国土・国民・資源・教育・伝統・文化・行政などの社会的な土台のもとで収益を得ている以上、当然の社会的責任だと言えます。

ひと昔前の日本の経営者はそうした〝日本の恩恵〟をしっかりと認識している方が多かったように思います。だから、儲けを内部留保とし

GDPと企業利益剰余金の前年度比増減額推移(兆円)

データ:財務省、内閣府

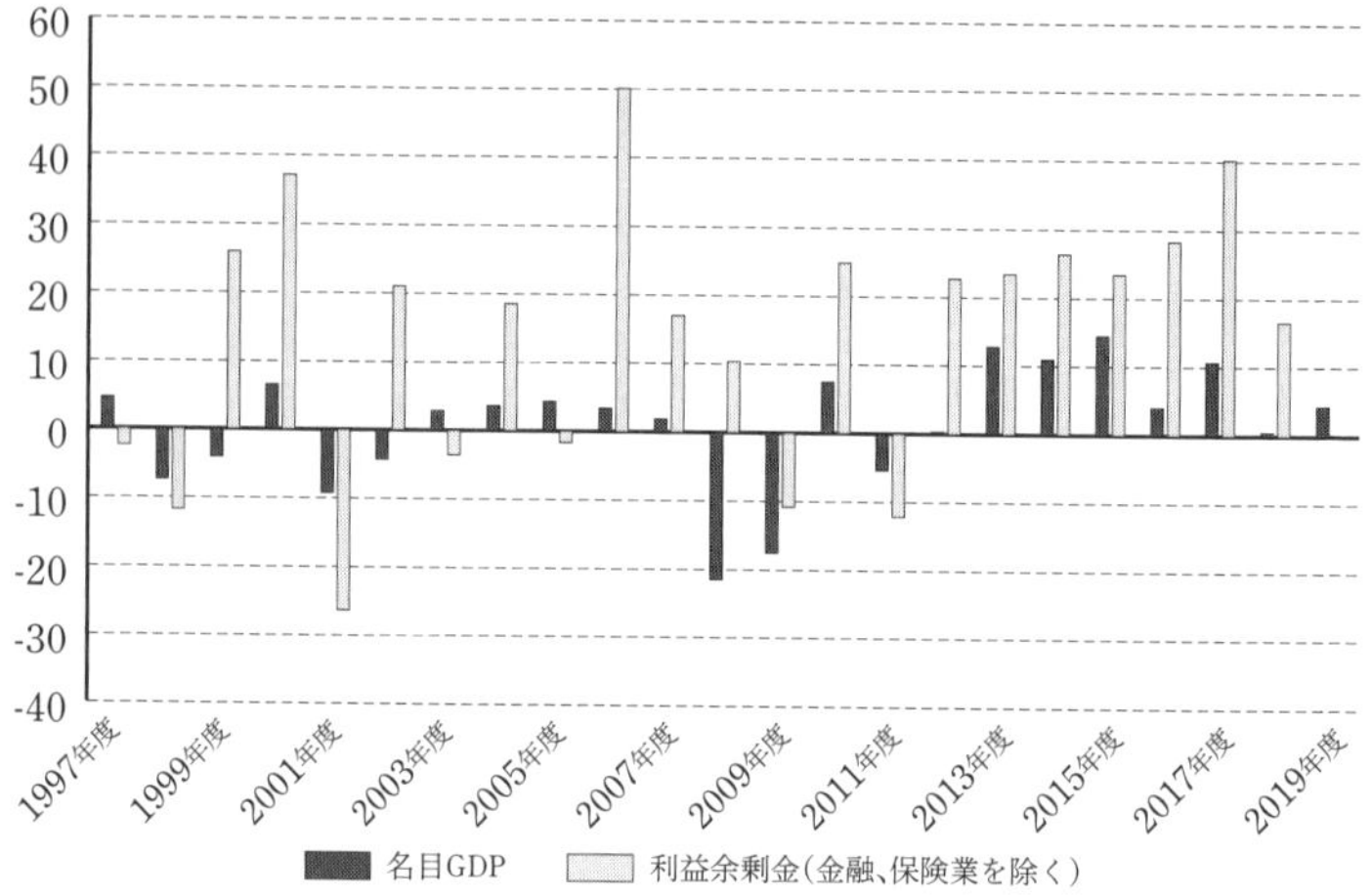

1994〜2018年度の間、名目GDP増は45兆円に対し、利益余剰金は325兆円も増えた。

て手元に置いておくのではなく、設備投資や雇用を通じて積極的に社会に還元しようという意識がありました。それに対し、今日の経営者はそうした〝義侠心〟のようなものを失い、サラリーマン化してしまっている方が多いような印象を受けます。

もちろんそれは単なる経営者個人の資質ではなく、日本企業を取り巻く環境が昔とガラリと変わったことも大きいのでしょう。

会社の持ち主は株主だという認識が世間に広まったので、経営者は以前よりも株主の意向に縛られるようになりました。株主の利益を最大化するためには、できるだけ労働コストを抑えなければなりません。

加えて、今や会社はマーケットで売り買いされる〝商品〟になっています。M&A(合併・買収)

攻勢から身を守るためにも、あるいは自らM&Aを仕掛けるためにも内部留保が必要になります。

そうした事情もあって、経営者たちは従業員の賃金を上げず、人件費を非正規雇用で抑え続けて利益を増やし、内部留保を膨らませてきたわけです。

海外にカネを流し、国内にカネを流さない日本企業

日本企業が利益や内部留保を投資に回す場合でも、やはり近年は国内向けの設備投資には消極的で、儲けが期待できる海外投資に積極的という傾向が見られます。

財務省の法人企業統計によると、金融機関を含む全産業の2014年度から2019年度までの国内設備投資額は合計290兆円程度です。同じ時期の日銀統計の対外直接投資額の合計は約390兆円ですから、**日本企業は国内向けの設備投資を抑える一方、海外への投資を積極的に行っている**ことが数字の面からもわかります。

日本企業の対外直接投資の動向を示した次ページのグラフを見てもわかる通り、年間総額60兆円から70兆円の規模で推移しています。現地で回収した利益は現地での再投資に回したり、あるいは日本に送金したりします。対外直接投資の総額からその現地回収分を差し引いた金額

日本企業の対外直接投資と国内設備投資（兆円）

データ：CEIC　注：国内設備投資は財務省法人企業統計ベース、2019年度は未発表

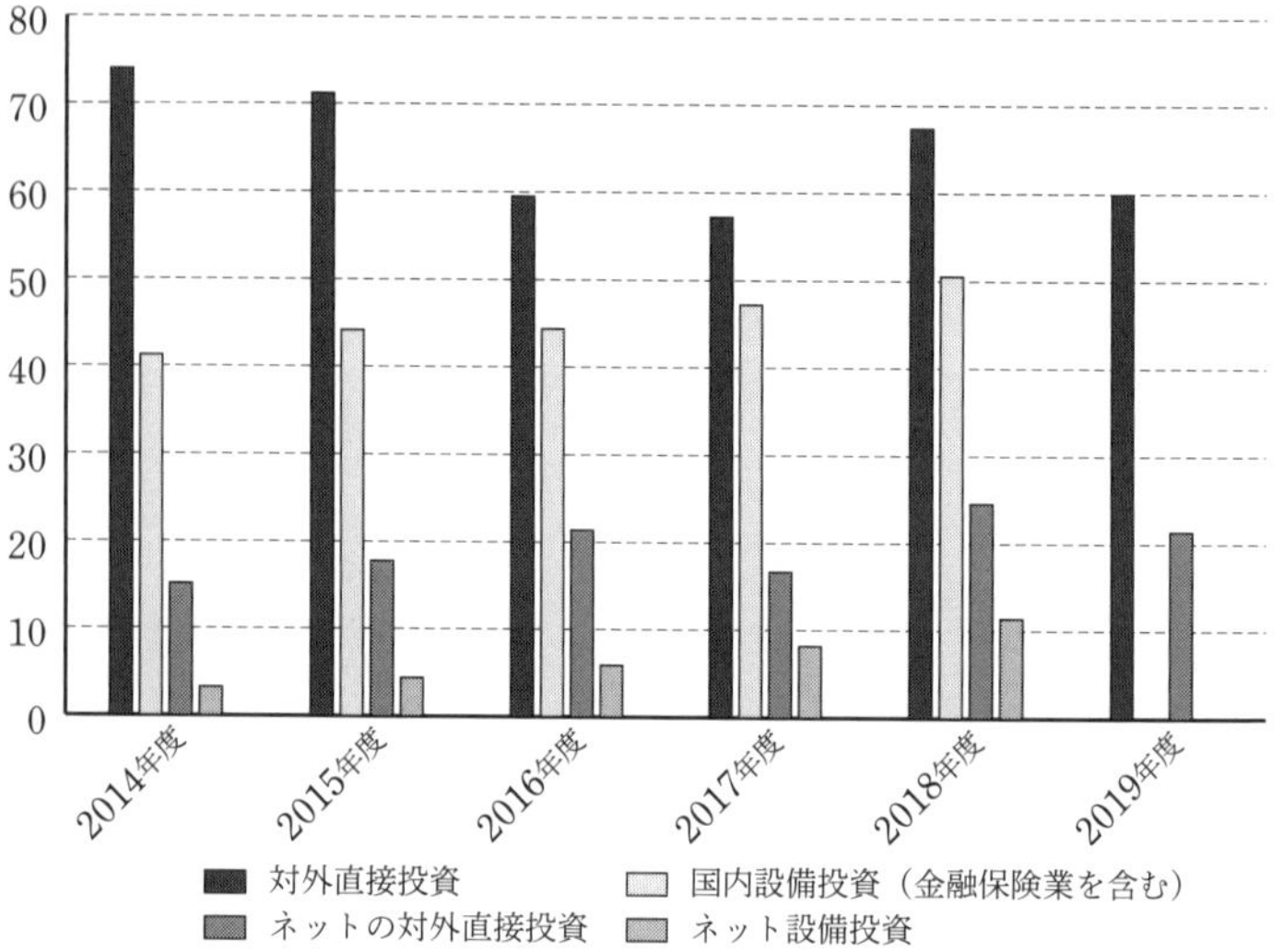

がネット（正味）の直接投資額です。ネットの対外直接投資は20兆円から30兆円で推移し、増加傾向にあります。

一方、国内設備投資も増加傾向にありますが、それと設備の減価償却を除いたネットの設備投資のいずれも対外直接投資の総額とネットを下回る状況が続いています。このトレンドから言っても、**日本企業の投資は、国内よりも海外中心**だということがわかります。

そして、その結果が、第2章で見たように、将来有望なiPS細胞にさえおカネが集まらないという国内の悲惨な現状につながっているわけです。

しかし、これに関しても、政治サイドが緊縮財政と消費税の増税という最悪の組み合わせで長年内需を冷やしてきたわけですから、

企業を攻めるのは筋違いでしょう。企業はあくまでも市場原理に従い、儲かるように動いているだけなのです。

最大の責任は、経済政策の失敗によって企業が国内回帰できない環境をつくってきた政治にあります。

地方にこそ日本再生のカギがある

日本企業の国内回帰との関連で注目されるのは、地方の可能性です。安倍内閣は2014年に、東京圏への人口集中を是正し、日本全国の各地域の活力を向上させる「地方創生」を掲げました。また、それ以前から「地方再生」などのスローガンが叫ばれて久しいですが、お世辞にもまだ地方の活性化が実現できているとは言えません。

しかし、日本各地には固有の地酒、コメ、果物、野菜、魚などすばらしい名産物があり、それらを使った郷土料理もあります。また、良質な温泉もあれば、きれいな水と豊富な森林もあります。さらに、歴史ある伝統工業や最先端の精密工業も各地方にあり、世界に誇れる高度な職人技も各地で受け継がれています。

これら**地方の〝宝〟**をうまく活用すれば、地方創生も地方再生も決して実現不可能なことではありません。

フランス・ワインを世界に広めたのは、各ワイナリーの「テロワール」（生育地の地理、地勢、気候などの特徴についての叙述）です。そのワイナリーごとの特有の〝物語〟が全世界の消費地に広まったことが、市場に占めるフランス・ワインの地位を不動のものにしました。

日本の各地方もそれにならって自分たちの〝宝〟を世界の消費者やユーザーと結びつける「テロワール」のような〝物語〟を作っていくべきです。その際には、大企業にばかり頼らず、地元のベンチャーやＮＰＯの若者たちにまかせたほうがいいと思います。地元の力をそのまま活かすことで、地場産業の復活や、新たな地方企業の誕生にもつながります。

ところで、私は２０１９年のお盆休みに里帰りをして地元の高知県の山奥の町で過ごしたのですが、その際に地方再生の確かな手ごたえを感じました。

高知県は10年間で10％ほど人口が減少し、山間僻地も非常に多い土地柄です。山間部では過疎化・高齢化が激しく、イノシシや鹿の数が住人よりも多い地区が目立ちます。人口減少・少子高齢化のスピードは全国でもトップクラスですが、だからといって経済まで落ち込んでいるわけではありません。

コロナ以前の話ではありますが、近年では山間部にも活気が生まれていました。清流の自然を求めて観光客が増えたことに加え、地元の農産物やジビエ（野生の鳥獣肉料理）を加工してネットで全国に販売する地元住民も増えたからです。しかも、高齢者がそうした積極的なビジネスをしています。ジビエの肉には、地元の林業を長年悩ませてきた害獣のシカを資源として活用しているのでまさに一石二鳥です。

また、高知には、「仁淀《によど》ブルー」と呼ばれ、日本一の清流として紹介されることもある仁淀川が流れています。そこでとれる天然アユはまさに絶品。清流のコケを食べて育つので非常に香りが良いのです。

仁淀川の天然アユに限らず、こうした美しい自然がもたらす資源は、地域の人口が少ないからこそ質の高さを維持できる面もあります。まさに都会にはない地方の〝強み〟です。

このように**地元の〝宝〟を全国あるいは全世界の大消費地とつなげていけば、地方経済は確実に活性化**していきます。

田舎だろうとも、少子高齢化が進もうとも、人口が減ろうとも、現状そこにある資源とヒトを活用すれば経済を成長させることは十分に可能なのです。

次ページのグラフは全国47都道府県ごとの実質経済成長率と人口増減率を比較しています。

内閣府の県民経済計算や国勢調査の統計データに基づいている関係上、時点は最近ではありません。期間も実質経済成長率が平成22～28年度、人口が国勢調査のあった同22～27年と少しずれ

都道府県別実質県内総生産及び人口の増減率(%)

データ：総務省、内閣府

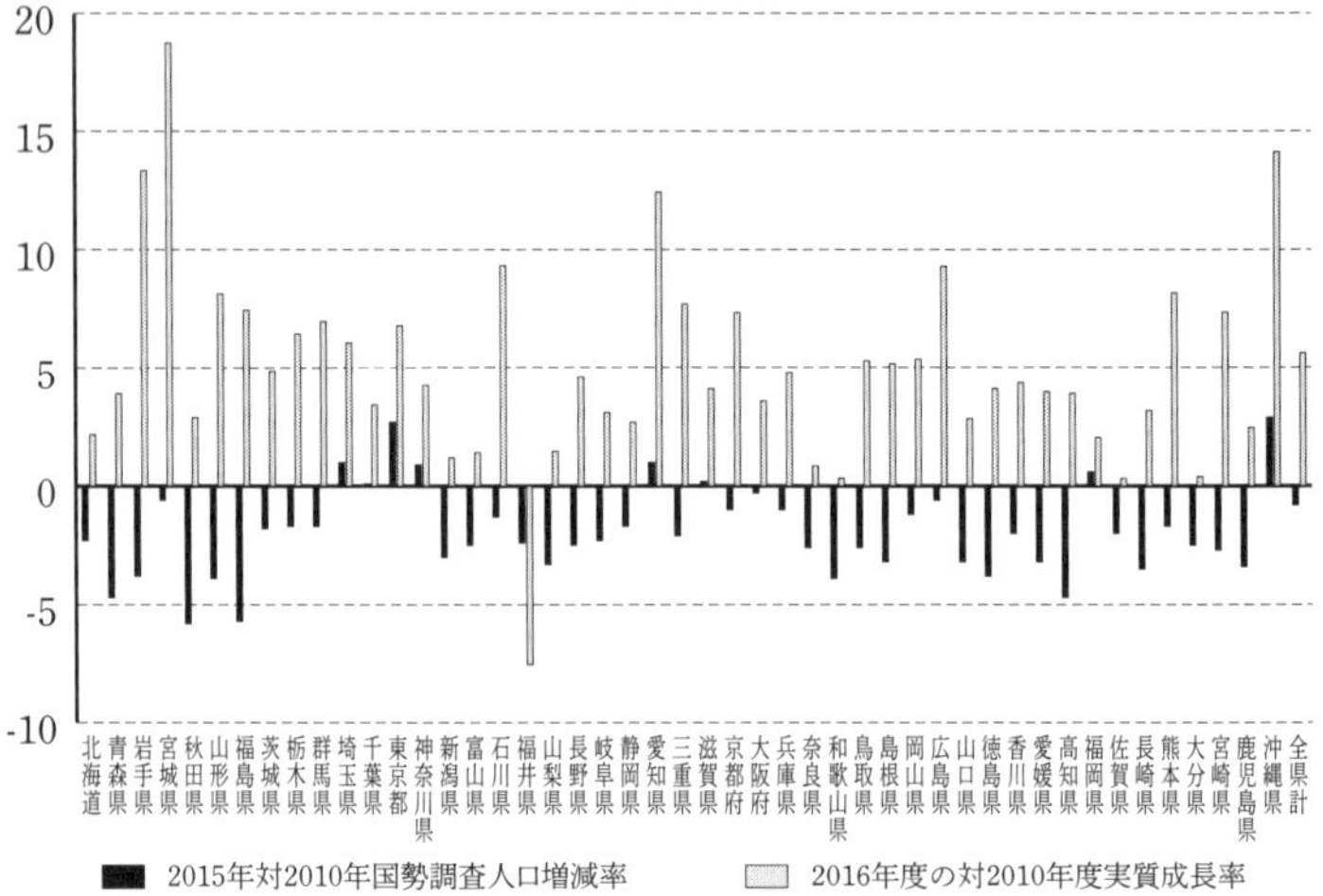

ますが、トレンドを見るには差し支えないはずです。

これを見れば一目瞭然、人口減少県が大半を占めますが、それにもかかわらず経済は、福井県を除き、多かれ少なかれ成長しています。同県の場合は寄与度の大きい原発の稼働率低下が影響しており、電力部門以外は生産が増えています。

ちなみに、人口一極集中の東京都の人口は2・7％増、実質成長率は6・8％ですが、東京を除く道府県合計ではそれぞれ1・1％減、5・3％増です。地方の多くは、若者が県外に流出し、高齢化が著しいにもかかわらず、経済は成長しています。

「人口減少＝経済停滞」というのは事実に反するのです。

またもや私の郷里の話で恐縮ですが、本書執筆中の2020年8月末、高知県吾川郡いの町からうれしい報告がありました。昨秋、旧商店街の一角の廃屋を建て直してシェアオフィスを開業した旧知の若者からです。

首都圏からのIターン組でオフィス・スペースがかなり埋まってきたというのです。東京のコロナ禍のさなかに、東京から家族ぐるみで越してきた現役ばりばりの元大手企業エリートが、同オフィスを拠点に地元の豊富な森林資源を独自の技術で加工して米国に輸出する新ビジネスを立ち上げたとのことです。他にも、グラフィックデザイナーなどさまざまな業種の起業家がシェアオフィスの共用ルームに集まっては、それぞれの夢を語り合っています。

彼らIターン組がそろって利点として挙げるのは、透明度日本一を誇る一級河川仁淀川など恵まれた自然ばかりではありません。教育環境もそうだと言います。

同川上流域の小学校の廃校跡地を利用して、篤志家の医師が昨年4月に開校した私立の小学校「とさ自由学校」に子供の親たちは惹きつけられたとのことです。Iターン組で都会育ちだった同校生徒たちは春には田植えでどろまみれになり、夏はオニヤンマを追いかけ、清流で鮎を捕まえようと夢中になります。

コロナ禍を機に、都心のオフィスからかなり離れた拠点で、仕事やビジネスをこなすテレワークが会社や社会に溶け込むようになってきました。「山紫水明《さんしすいめい》だが、新幹線で東京から1時間圏内ならともかく、四国の山あいの古い町にひっそりとたたずむシェアオフィスがそんな新常態の波に乗れるだろうか」と水を向けてみると、シェアオフィス経営者は「やってみれば、何とかなるものですよ」と、笑い飛ばします。まるでパナソニック創業者の松下幸之助さんの言葉「やってみなはれ」です。

なるほど、古い思考に凝り固まった頭では、最初からダメだと決めつけているかもしれません。よく調べてみると、世に流布している「常識」というものは現実とは遊離しているケースが多いのです。

あとでも触れますが、いわゆる現役世代、つまり15歳から64歳までの生産年齢人口の減少が、労働生産性を下げ、日本の長期にわたる超低経済成長をもたらすとのもっともらしい説も疑ってかかる必要があります。10年間の年率平均の増減率を算出してみたら、生産年齢人口は2019年0・81％減、それより10年前の0・62％減よりは若干下がっていますが、2015年からは0・8％減台でほぼ横ばいであり、極めて緩やかです。労働生産性（製造業）は昨年までの10年間年率平均が1・26％増で、平成30年までの0・16％減から大幅に改善しました。人口構成の高齢化が生産性向上を妨げ、潜在成長率を押し下げているというわけではないのです。

地方各地、各所では創意工夫を重ねる地道な地方創生努力が行われています。日本固有の文化、伝統、風土と人々の勤勉さと献身が政府の経済失政を補っているわけです。前述したように、政府経済失政の最たる例が、慢性デフレ下の消費税増税の繰り返しです。**コロナ禍を奇貨《きか》として地方が蘇るためには、少なくとも内需を殺す消費税の大幅な減税を急ぐべき**なのです。

少子高齢化・人口減少だからといって経済成長できないわけではない

官僚や政治家、経済学者は「日本は今後ますます少子高齢化が進み、15~64歳の生産年齢人口が減っていくので、潜在的な成長率はゼロ%台しかない」という類の悲観論を国民に押し付けています。

しかし、はっきり言ってそんなものは机上の空論です。

確かにイメージとしてはそのような印象を受けるかもしれませんが、先ほどの地方経済の例を見てもわかる通り、しっかりとデータを見ればそれが間違いであることがわかります。

特に**少子高齢化と日本経済の停滞を結びつける考え方は、社会保障費の財源がタテマエの消費税の増税理由にもされるので、ここではっきりと否定しておかなければなりません。**

間違えた考え方に基づいて政府が消費税増税などの政策を推し進め、国民が「仕方がない」とそれを受け入れてしまうと、それこそ日本の将来がめちゃくちゃになってしまいます。

理屈で言えば、**少子高齢化で生産年齢人口が減少しようとも、労働生産性が上がれば経済成長は可能**です。

労働生産性とは、生産量を投入した労働量で割った比率のことで、労働者一人（あるいは労働一時間）あたりどれぐらいの成果（付加価値）を生み出したかの指標になります。当たり前の話ですが、たとえ人口が減っても、一人当たりの労働者をその減少分を上回るだけの生産をすれば、全体の生産高はアップする（経済が成長する）わけです。

そもそも生産年齢人口が減少すると労働生産性も落ちてしまう（だから経済成長ができない）とよく誤解されるのですが、そんなことはありません。

次ページのグラフは労働生産性（製造業）と生産年齢人口について、2009年から2019年まで各年10年間の年率平均増減率をグラフ化したものです。

これを見ると、各年とも生産年齢人口が0・6～0・8%ほどマイナスに落ち込み、高齢者の人口が2・5%前後プラスになっていることがわかります。ようするに、高齢者が増え、生産年齢人口が減っているというわけです。

しかし、そのような状況が続いているなかでも、労働生産性は落ち込んでばかりいるわけではなく、プラスに伸びている年もあります。

このデータからも、「生産年齢人口の減少」によって「労働生産性の低下」が引き起こされ

生産年齢人口と高齢者人口の10年間年率平均増減率(%)と労働生産性の10年平均値

データ:CEIC、総務省

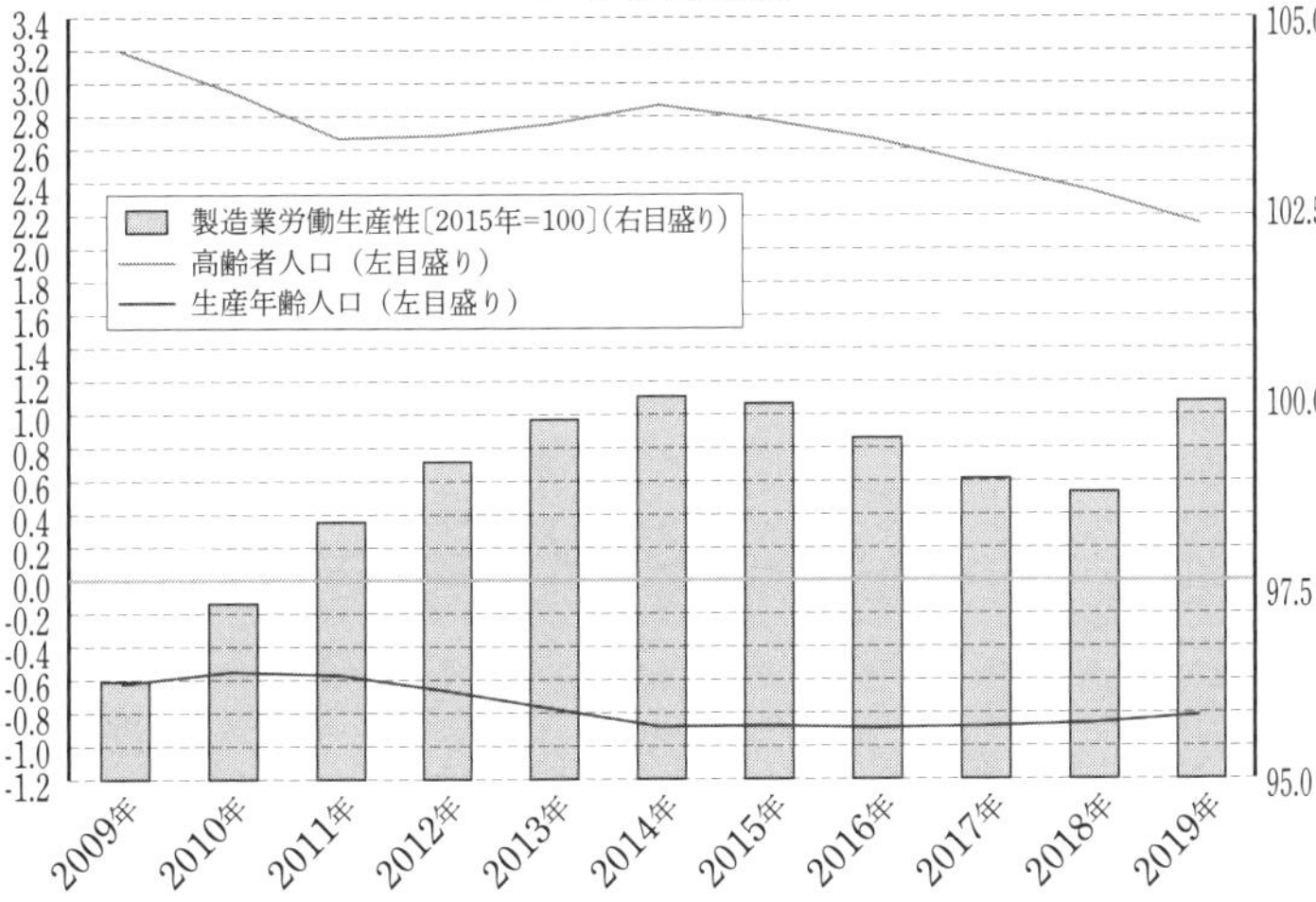

ているとは言えないことがわかります。むしろ**両者はまったく関連性がない**ように見えます。

では、退職後も働く高齢労働者が増えるなど、労働力全体が高齢化していくと労働生産性は落ちるのでしょうか。

次ページのグラフは製造業でみる労働生産性の12カ月平均値と全就業人口に占める65歳以上の「高齢」雇用者の比率の推移を追っています。

高齢就業者比率は1996年当時に6%台だったのが、1997年から始まった慢性デフレがもたらした慢性デフレや実質賃金の下落とともにじわじわと上昇し、2019年末には13%台と2倍になりました。数にして930万人ほどです。

生産年齢人口の高齢就業人口に占める比率は下がり続け、高齢就業人口は増えているので、

高齢就業者の比率と労働生産性の推移

データ：CEIC、日本生産性本部

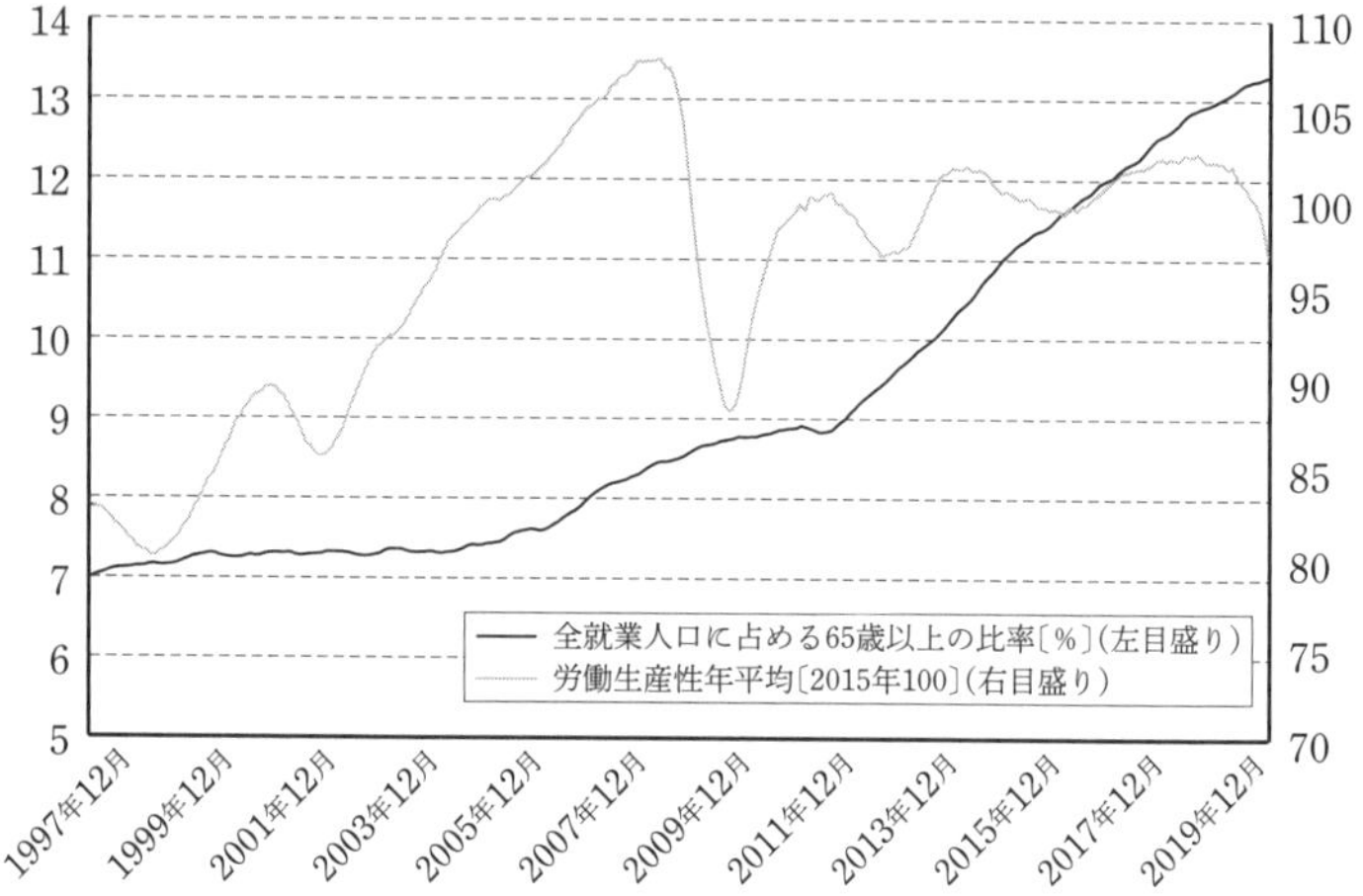

労働力の高齢化が進んでいることがわかります。

一方、労働生産性の前年比増減率は景気のサイクルのようなうねりを見せています。これは、景気が上向きになって経済全体の生産高が増えれば労働生産性も上がり、不景気になって生産高が減れば労働生産性も下がるという、非常にシンプルな事実を表しています。

つまり、**労働生産性は経済成長に直接左右されるのであって、高齢化が進んだから落ちるという性質のものではない**ということです。

ちなみに、最近では諸外国と比べて日本人の労働生産性の低さが話題になることもありますが、日本経済がデフレ下でゼロ成長・マイナス成長を続けている以上、経済成長を続ける諸外国に差をつけられるのは、当然の結果だと言えます。

移民頼りの政策は必ず失敗する

これまで見てきた通り「少子高齢化が進んでいるから（生産年齢人口が減っているから）日本経済はゼロ成長やマイナス成長でも仕方ない」という考えは、経済学やその他の学問・科学に基づくものではありません。単なる印象やイメージにすぎず、現実のデータに即して考えると、はっきり言って間違いです。その間違いに基づいて政策決定がなされるから、社会保障費の財源として消費税を増税するという大間違いを犯してしまうのです。

同様に「日本は外国からの移民を積極的に受け入れなければ少子高齢化・人口減少による経済の衰退を克服できない」という考えも大きな間違いです。

少子高齢化が進もうと、人口が減ろうと、経済成長は可能なわけですから、**わざわざ労働力として移民を受け入れる必要はまったくありません**（人道的な移民の受け入れとはまったく別の問題です）。

「ダイバーシティ（多様性）」などと一見もっともらしく聞こえる響きの良い言葉でごまかされていますが、移民の受け入れといっても**その実態は中国人労働者の受け入れ**です。

そこには中国共産党の全体主義的な国家戦略も絡んでくるので、単純に経済の問題で片づけるわけにはいきません。日本の文化・伝統の保護や安全保障にもかかわる問題です。

アフター・コロナの世界で日本経済を復活させるカギとなる「脱中国」の方向性にも反しています。

また、中国移民に限らず、賃金の安い外国人労働者の拡大は、デフレ緩和の決め手となる賃金上昇を阻むことにもつながります。その意味でも、**移民の労働力に頼ろうとする政策は消費税の増税と同類の〝悪手〟**なのです。

生産年齢人口の減少が毎年1%未満レベルなのに「労働生産性がマイナスになり、経済成長できなくても仕方がない」という結論を導き出すのは、あまりにも短絡的すぎます。

これまで何度も述べてきたように、国の経済を成長させることは政治の本来の役割であり、もっとも基本的で大切な仕事です。

消費税の増税も移民受け入れ推進政策も、まったく経済を成長させる気がない堕落した考えに基づいています。

私は、そういう無気力な考えが日本の中枢に巣食っている現状に大変な危機感を覚えます。

政府は消費税増税が大失敗だと認めよ！

話を消費税に戻すと、政府はもはやメンツにこだわらず、安倍政権時代に行った二度にわたる消費税の増税が大失敗だったということを素直に認めなければなりません。

次ページのグラフは２００８年４～６月期から20年４～６月期までの実質ＧＤＰと家計消費（持ち家のみなし家賃を差し引いた正味ベース）、民間企業設備投資の前期比年率値の推移です。

安倍首相は２０１９年10月の消費税増税による家計消費の落ち込みについて、個人消費の一定程度の反動減はあるが、台風や暖冬による影響が大きく、前回（２０１４年４月）の消費税増税直後よりも落ち込み幅は少ないという見方を示しました（２０２０年２月17日の衆院予算委員会）。政府はあくまでも「消費税増税不況」を認めない姿勢で一貫しています。

２０１２年12月に始まったアベノミクス後の日本経済は家計消費主導型です。２０２０年４～６月期までの前年同期比増減率をもとに、統計学でいうＧＤＰとの相関係数を算出してみると、実に０・94にも達します。完全相関である１に近いのです。ちなみに１９９５年はじめからアベノミクス開始の12年末までは０・76であり、相関関係が認められるぎりぎりの水準です。

ようするに、**家計消費を殺せばアベノミクスは死ぬ**のです。

実質GDPと家計消費、企業設備投資の前年同期比増減率(%)

データ：内閣府

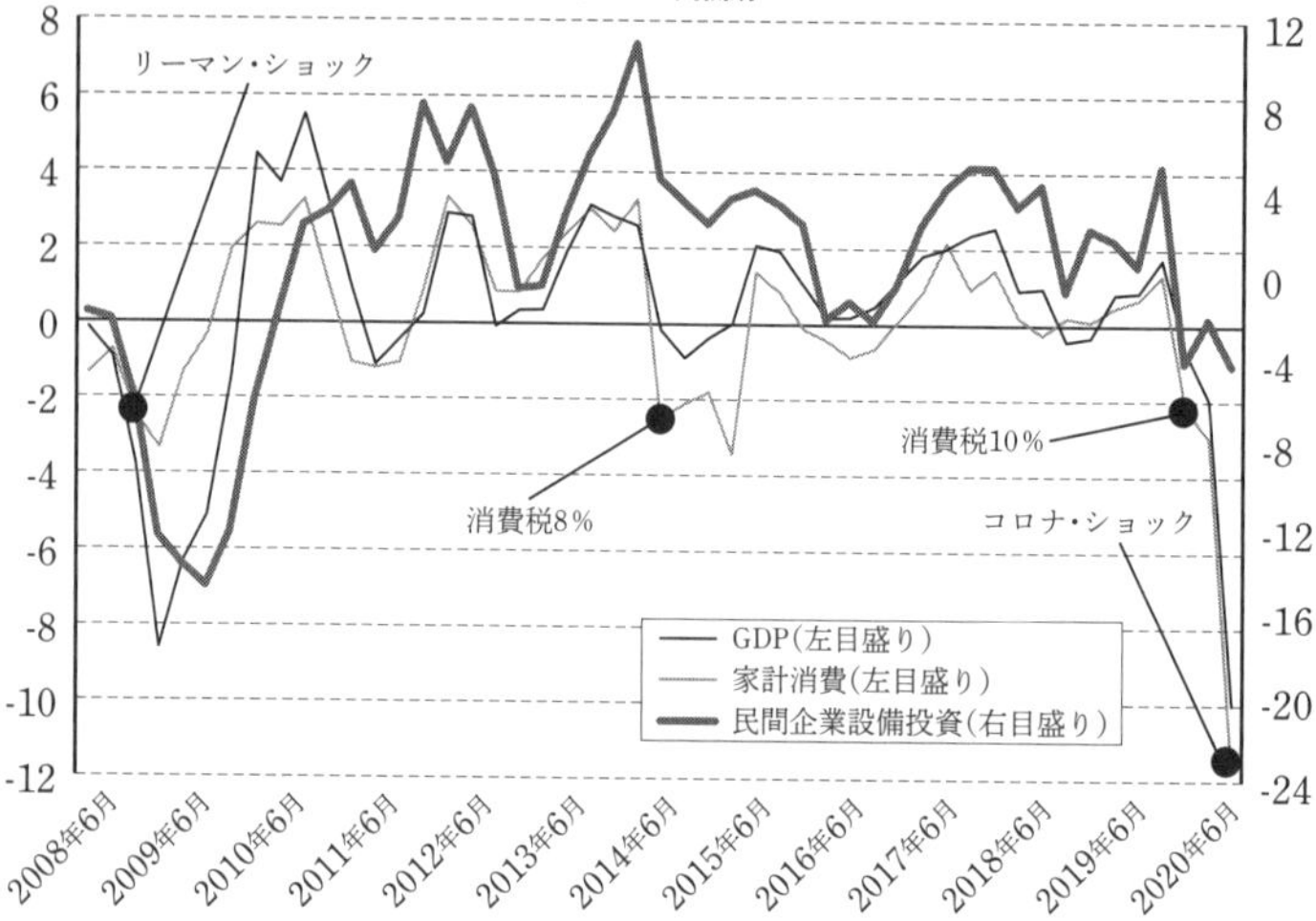

相関係数とは、そのまま因果関係を表すわけではありませんが、人間関係で言えば「相性」のようなものです。ちょうど、新婚アツアツのカップルなら相関係数は1に近く、歳をとって夫婦ばらばらに行動するようになれば、係数は最低のマイナス1に近づくことになります。

はっきり言って、消費税増税でアベノミクスを頓挫させて以降の安倍政権からは、景気に対する危機感が伝わってきませんでした。「天下の悪税」たる消費税が日本経済に与えるダメージは、新型コロナウイルスや地震・台風・大雨などの自然災害のような一時的な厄災ものではなく、**政治的な決断がない限り今後も持続する**ものです。

自分の自由な意思で好きなものを買うときに国から罰金が科せられるという消費税の負担感は、経済活動の本来のあり方をゆがめる不自然なもの

2012年4〜6月から2020年4〜6月までのGDPと民間設備投資、家計消費の相関係数

データ：内閣府

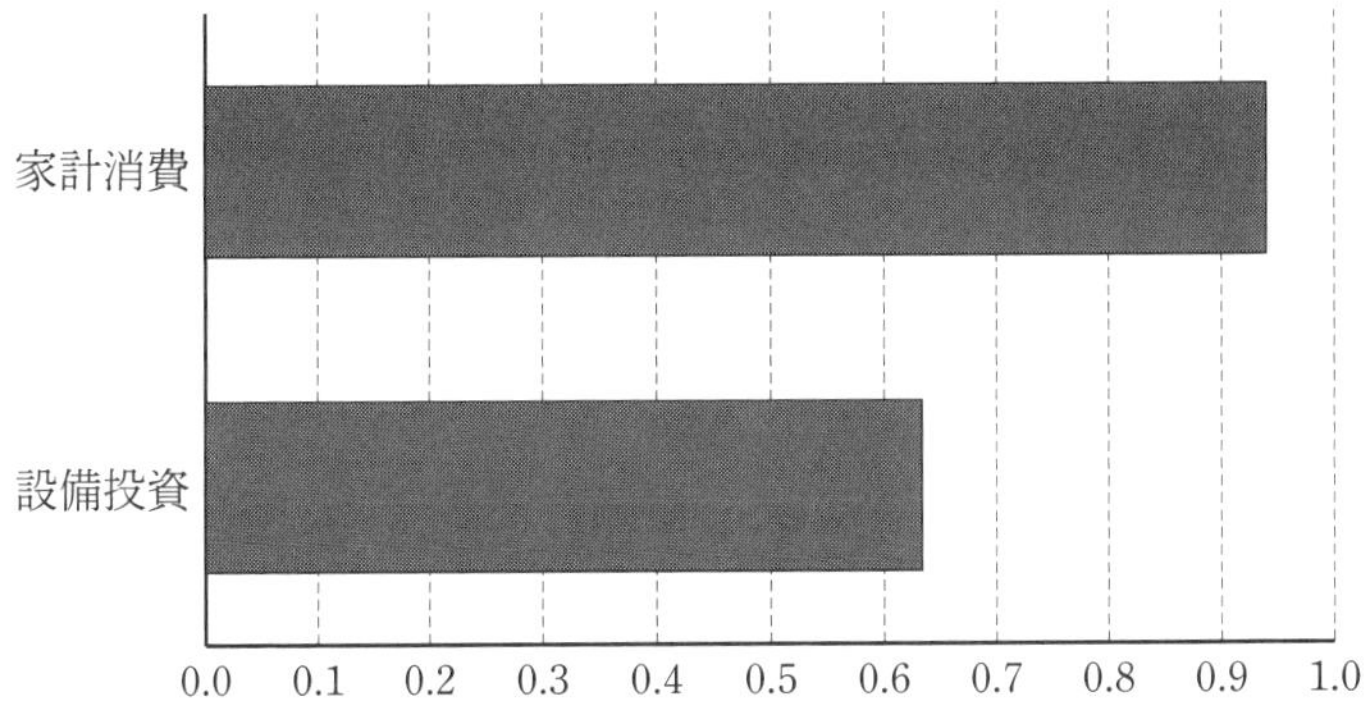

だと思います。消費税は、確かに好景気の時にはインフレ対策としてそれなりに意味がありますが、デフレ不況時に適した税金ではありません。

国民の賃金が継続的に上がり続けているならまだしも、むしろ下がっている状況なのに、なぜ苦しい思いをしてまで消費税まで払わなければいけないのでしょうか。

しかし、自民党内の長老たちは消費税を絶対に下げないと宣言しています。その最たるものが、二階《にかい》俊博《としひろ》自民党幹事長の2020年3月16日の記者会見での発言です。

「消費税というものをつくった時にどれほどの苦労があったかということを考えれば、簡単にそういうことを発言する人は、そういうことを仮にした場合に、いつ元に戻すのか、この責任は誰が負うのでしょうかと

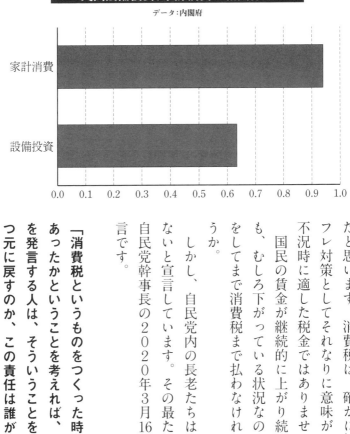

逆に私の方から問いかけたいと思います」（自民党ＨＰより）

愕然とさせられるのは、**きちんとした消費税及び消費税増税の政策評価がほとんどされないまま、「党の苦労」ばかりを強調している**ことです。また、それが受け入れられる支配政党の硬直性にもあきれます。

国家政策を担う責任政党であればなおさらのこと**「国家及び国民の苦労」をなぜ口にしない**のでしょうか。

そもそも消費税を導入して以降、日本がいかに没落してきたかを彼らは理解しているのでしょうか。

最近では安藤裕《ひろし》衆院議員ら経済に理解のある自民党の若手議員たちが消費税減税を掲げて頑張っている動きもありますが、長老たちがこの有様です。アベノミクスを推進してきた安倍首相が辞意を表明した以上、そのあとを継ぐリーダーが過去の消費税増税を反省し、消費税の廃止・減税を断行する〝鶴の一声〟を発するしかありません。

消費税率の引き下げは複雑な手続きも必要なく、実施したその日から国民に等しく恩恵をもたらします。これほど即効性のある政策を行わずして、わざわざ各省の縄張りが絡む業界支援の「Ｇｏ　Ｔｏ」政策を推進している場合でしょうか。それで感染が拡大して国民の不安が増大すれば、さらに経済は委縮してしまいます。

政治のリーダーが経済学に基づくまともな経済対策を実施することなく、自省の縄張り意識で動く官僚に国難対策をまかせているようでは、コロナ禍もコロナ・ショックも克服できないでしょう。

日本経済復活には経済政策の〝王道〟だけで十分だ

すでに日本経済を復活させるために必要なこと、やらなければいけないことは明らかになっています。

財政・金融の両輪をフル稼働させることと、廃止も含めた消費税の大型減税です。

第2章でも述べた通り、コロナ・ショックが続いている今は特に金融緩和で大量におカネを刷る必要があります。絶対に諸外国に刷り負けてはけません。刷り負けてしまうと、リーマン・ショックの二の舞になり、日本経済にとって大打撃となる超円高を招いてしまうことになります。

また、金融緩和と並行して、積極的な財政出動も今後継続して実施する必要があります。コロナ・ショックへの緊急経済対策だけで終わらせてはいけません。

日本の金融機関に眠る約1300兆円もの預貯金のうち、わずか1割でもいいので、国債の発行によって吸い上げて国内の実体経済におカネを流せば、確実に内需は拡大します。投資先は、本来もっとおカネを使わなければいけない分野です。たとえば教育、医療、基礎研究、成長産業、インフラ整備、災害対策、中国に生産拠点を置く日本企業のUターン支援、安全保障など、いくらでもあります。

注意すべきは、これまでのように**金融緩和だけでは不十分**だということです。

おカネだけ大量に刷って民間主導の市場原理に任せるという従来のやり方では「儲からない」デフレ国の日本から「儲かる」海外の市場へ日本のおカネが流れるだけになってしまいます。**金融緩和は必ず政府主導の財政出動とセットで実施し、金融・財政の両輪をフル稼働**させなければなりません。

ようするに**「緊縮財政なんてさっさとやめてしまえ！」**ということです。

それに加えて、コロナ・ショックで大打撃を受けた家計を救済するためにも、**消費税の廃止、もしくは大型減税を決断**しなければなりません。

消費税率を下げれば、家計の負担が軽くなるだけでなく、消費意欲も刺激され、個人事業主や中小企業を救う内需の拡大につながります。また、20年以上もの長い間、日本経済を停滞させてきたデフレ圧力が解消され、日本経済再生の見通しも立ちます。

税率をどれだけ引き下げるか、いっそのこと廃止するか、期限を設けるかなど、いろいろ議論は当然あってしかるべきだと思いますが、少なくとも経済のV字回復が実現するまでは、消費への重圧、国民への負担を軽減するのが緊急経済政策の〝本筋〟です。10万円の給付金を与えたからもう大丈夫だという話ではありません。

消費税率引き下げとともに、国内投資や雇用に積極的に資金を投入する企業を減税等で支援するのも有効でしょう。とにかく今は内需拡大に向けて減税を検討すべき時であり、増税など絶対に許すべきではありません。経済学者や財務省がどのような理屈を唱えようとも、政治サイドは断固たる意志でそれをはねつけ、国民も声を上げるべきです。

もちろん「脱中国」も忘れてはいけません。しかし、それを実現するには日本の経済成長が前提条件になります。だからこそ、金融財政の両輪のフル稼働と、消費税率引き下げを確実に実施しなければならないのです。

これらは奇策でも何でもありません。**経済学の常識に基づく〝王道〟の経済政策**です。むしろ日本経済を復活させるのに奇策は必要ありません。普通の国がやっているごく当たり前の政策を実施するだけで十分なのです。

しかし、その**常識的な〝王道〟の政策を当たり前に実行できないところが、日本の最大の問題**だと言えるでしょう。

コロナ転じて〝福〟となせ！

注意していただきたいのは、先に述べた〝王道〟の経済政策が「コロナ・ショックから日本経済を復活させるための政策」ではなく、**「コロナ以前から日本がやるべきだった政策」**だということです。実際、私はリーマン・ショック後から自著や新聞記事等でこれらの政策の必要性を訴え続けてきました。つまり、コロナ・ショックとは本来関係のないものです。むしろコロナ・ショックは、これらの政策が日本経済に必要だということを国民に気づかせる**〝きっかけ〟**になったと思っています。

しかし、一部の国民が目覚めても、肝心の政治家たちが目覚めなければ意味がありません。政治家を目覚めさせるのはやはり**〝国民の声〟**です。

〝国民の声〟がなければ政治家はなかなか目覚めません。だからこそ、これからは**経済に対する理解のない政治家、経済を成長させる意識がない政治家に対して、私たち有権者は選挙を通じて〝NO〟を突きつける**べきなのです。

消費税の減税・廃止というだけなら今の野党も唱えています。

しかし、私が見る限り、そこには何の信念も戦略もありません。ただ現政権を批判したいがためだけに訴えているだけのように思えます。

消費税の減税・廃止を訴えるなら、なぜそうした政策が必要なのかをちゃんと経済学に基づいて分析したうえで主張してほしいところです。経済とは何か、経済成長とは何かという基本的なことを理解せず、上澄みだけをすくって消費税の減税・廃止を主張したところで、何の説得力もありません。そのような中身のない主張を繰り返している限り、安心して政権を任せることなど到底できません。

何度も言うように、日本はある意味で石油よりも頼りになるおカネという資源を世界中のどの国よりも豊富に持っています。それを経済の成長につなげられない政治は、はっきりいって**無能**です。

政治家が国民に自国の〝強み〟をまったく伝えられていないので、国民もことあるごとに「日本の財政は大丈夫なのか？」と将来が不安になります。その結果、財務省や経済学者、マスコミが垂れ流す財政破綻論をそのまま受け入れて「増税やむなし」の方向に流されてしまうのです。

日本を背負って立つ政治家なら「財政・財源のことなら心配ありません。我々は世界一の債権国家です。１００兆円程度の国債を発行したくらいでは国家財政はビクともしません。むしろ今後の経済成長のためにも国債を積極的に発行するべきなのです」と堂々と国民に訴えるべきです。

もしそれで財務省や経済学者、マスコミが騒ぐなら経済学に基づく主張で真っ向勝負すればいいだけです。その議論が盛り上がれば、インターネットやSNSが発達した今の社会では、彼らはもはや「日本は借金大国である」という〝ウソ〟を国民に隠し通せないことでしょう。

日本でなかなかそういう気概のある政治家が出てこないのは、**〝経済を成長させる〟ことこそが〝国を守る〟ことだという国家意識が欠けている**からだと思います。

経済が成長しないと国家は衰退します。成長を担う現役世代は賃金アップが見込めず、子供を産むのをやめるので、少子化問題が深刻化します。そうなると、社会保障制度も不安定になり、若者たちは将来に希望を失います。

また、日本の場合、隣国に中国という全体主義国家がいるので、国力の衰退はそのまま軍事的な脅威にも直結します。

国家の安定は経済成長の基礎であり、経済成長は国家の安定の基礎なのです。

何度も繰り返しますが、日本の政治はもっと経済成長への意識を高めなければなりません。

コロナ・ショックという未曾有の危機を経て、日本も、世界も、大きく変わることになるでしょう。どう変わるかは予断を許さない状況ですが、どうせ変わるなら、**「コロナ転じて〝福〟となせ！」**です。

今の日本には、**〝ピンチ〟を〝チャンス〟に変える力**が求められています。

おわりに

スガノミクスはデジタル景気の波に乗れるか

本書執筆中にあれよあれよという間に、安倍晋三首相が辞任し、「アベノミクスの前進」を掲げる菅義偉《すがよしひで》政権が誕生しました。菅さんの経済政策の柱は、行政のデジタル化、携帯料金の引き下げなど情報技術（ＩＴ）社会への転換、さらに賃金の引き上げなど、安倍晋三前政権では果たし切れなかった項目が並んでいます。いわば「スガノミクス」です。

私が本書で目指すべきだと訴えてきた成長戦略は、**内需主導を根幹とし、景気拡大へと財政を中心とする政策へ舵を切ること**です。

そして、**新型コロナウイルス・ショックがつくり出しつつある新たな景気循環の波に乗ること**ができれば、スガノミクスはその名にふさわしいものとなるでしょう。

新型コロナ・パンデミック（疫病の世界的大流行）はヒトの動きに左右される航空、鉄道、飲食、ホテル業など在来型サービス産業を直撃しています。反面では、新たな市場機会を生み出しています。人と人の接触を抑制しながら、経済活動を正常化させる試みの広がりに伴い、顔と顔が直接向き合わなくても密接なコミュニケーションを可能にするデジタル情報技術（ＩＴ）需要に新たなうねりが見込まれるからです。

在来型産業が破壊され、創造された新機軸のもとに産業経済が発展を遂げるというのが、J・M・ケインズと並ぶ20世紀を代表する経済学者J・シュムペーターのイノベーション理論です。突如地球を覆ったコロナウイルスが強制するデジタル化が、ヒト・モノの動きによって支えられるはずの経済にどの程度のダイナミズムをもたらすのか、現時点での判別は難しいのですが、**市場経済というのはいかなる災厄もチャンスにしてしまう凄みを秘めています。**

収益への欲望に満ちた企業家や投資家たちは、足下は真っ暗闇であっても、地平の彼方にかすかに見える光明に向かって突き進みます。それを端的に示すのが世界の強欲マネーが集まる米国の株式市場です。

次ページのグラフ1は米国の日毎のコロナ感染者の増加数と株価を組み合わせたものです。日々の変動のばらつきをならすために、いずれも10日間平均値で表しています。第一の特徴は、コロナ感染の3月末から4月末への感染第一波、6月中旬から8月中旬にかけての感染第二波の大きなうねりにもかかわらず**株価が上昇気流に乗っている**ことです。

もうひとつ、**9月はじめから最新時点にいたる期間で、感染の波が引き出すと株価が下落局面に転じた**点も注目されます。

感染が拡大して消費者をより大きな不安に陥れているのに、株価は上がる。感染波が細ると

＜グラフ1＞ 米国のコロナ感染と株価(各時点までの10日平均)

データ：CEIC

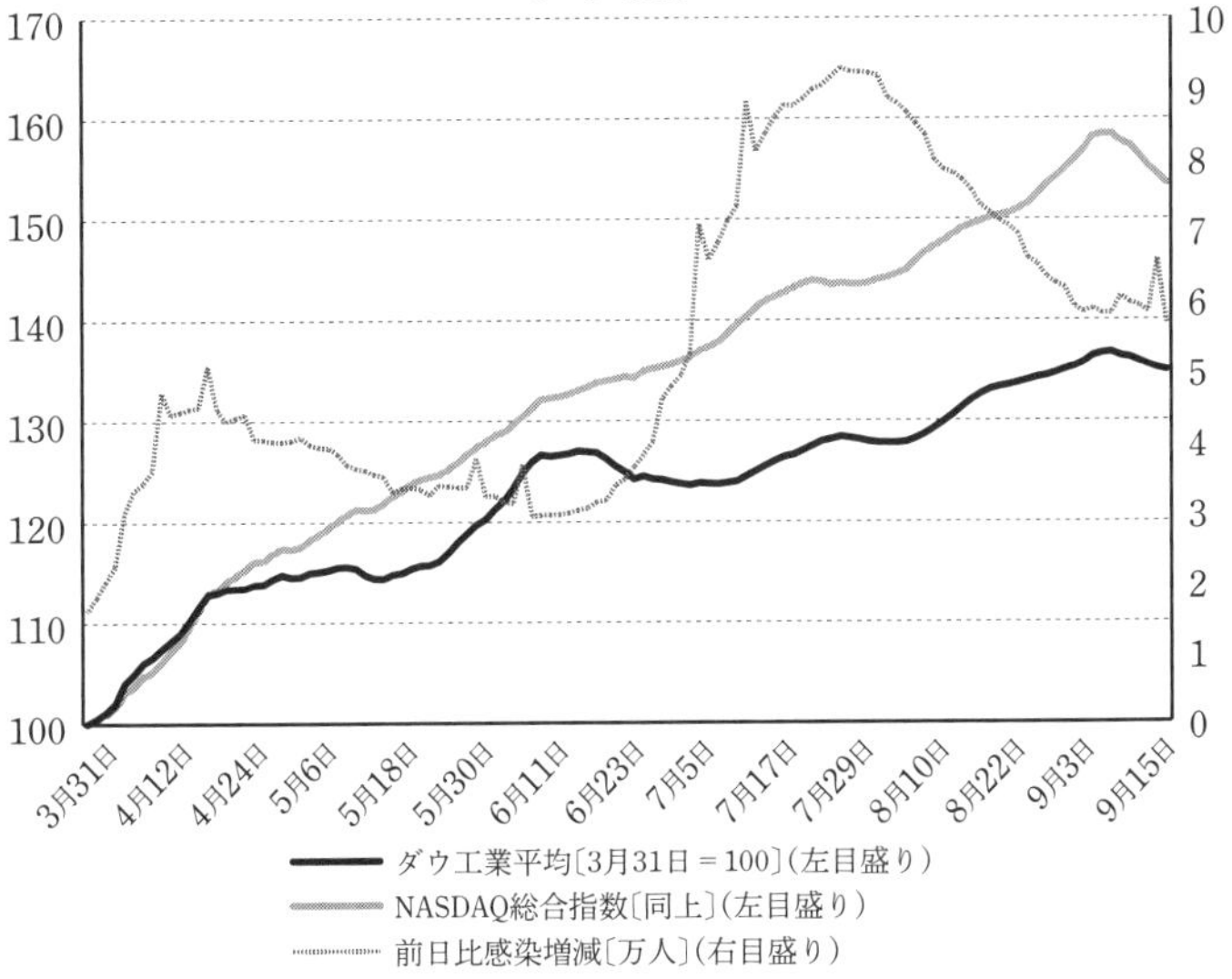

株価が調整局面を迎えるのはなぜでしょうか。モノやサービスを生産・消費する経済実体からかけ離れた株価の上昇は一般にバブルだとみなされがちですが、今回もその例外ではないと言い切れるのでしょうか。

グラフに目を凝らすと、株価指数のうち、ナスダック（NASDAQ）相場上昇がダウ工業平均をかつてない速度でしのぎ、ダウを引っ張っています。ナスダックは通称「GAFA」を構成するグーグル、アマゾン、フェイスブック、アップルに代表される情報技術（IT）巨大企業を筆頭にIT関連の新興企業群で構成されています。それに対し、ダウ工業平均構成銘柄にはGAFAのうちアップルが含まれてはいるものの、金融大手や在来型業種大手で占められています。現下の米株価はＩＴ主導であり、コロナ禍の巨大な波を乗りこなすサーファーのようなものです。

ＩＴ特有の景気循環は「シリコンサイクル」と呼ばれます。ＩＴの基幹部品である半導体の基礎材料がシリコンであるという事情によるのです。そのサイクルはこれまで半年、一年という比較的短い期間で浮沈してきました。半導体産業の場合、アメリカと並び世界最大の中国需要に大きく影響されますが、初期のコロナショックに加えて、中国の通信機器大手のファーウェイ（華為技術）に対する米国による禁輸措置の影響もあって、たとえばアメリカの通信用半導体大手、クアルコムの売り上げはこの4～6月期に大きく落ち込みました。他方で、コロナ禍が長引く情勢のもと、半導体需要の好転が見込まれるなかで、日本の東京エレクトロンなどの半導体装置メーカー大手の売り上げは同期に上向いたのです。

では、コロナ感染が終息に向かえば、コロナ主導型景気波は消滅するのでしょうか。グラフにあるごく最近の米株価からすれば、コロナ感染の退潮はそれを示唆《しさ》しているかもしれません。

ＩＴ化・デジタル化は不可避であり、コロナへの恐怖はそれを大幅に早めるきっかけになります。いくつかの専門家の分析をみると、コロナ感染が第三波、四波の波となって２０２０年冬から来年にかけても世界各地域を襲い、長期化するとも言われています。

コロナ禍が長期化してもアメリカ国内に楽観ムードが漂うだけのマクロ経済上の根拠はあります。アメリカでは株価が上がれば確実に消費が下支えされます。米国では企業が株式市場で元利返済不要のリスクマネーを調達してデジタル化、新サービスなど技術革新投資に踏み切るのです。しかも、米企業の多くはコロナ禍でも新規分野での人材確保のために給料を上げています。従業員が職を失い、失業者が急増していても、賃金水準は上がっているのです。

対照的に、四半世紀にも及ぶ慢性デフレの日本経済は、内需が冷えきり、株価と実物投資・生産・消費は断絶状態です。

コロナ禍は、長く「小さな政府」「緊縮思想」に縛られてきた日本を含む主要国の財政路線を拡大へとひとまず転換させました。とは言え、急速な金融の量的緩和と財政出動にもかかわらず、民間の萎縮した心理はしばらくの間もとに戻らず、新規投資や雇用をためらうので、カネはどうしても余ってしまいます。そして莫大な余剰資金はコロナ禍に伴うＩＴ需要の高まりを見越した株式市場へと向かうわけですが、実体経済は混とんとしたままになるというのが現下の日本の実相なのです。**デフレ経済から抜け切れない以上、日本はアメリカにはなれない**のです。ならば、**政府が新常態の経済システム構築へと、国債を発行して、遊休資金を吸い上げ、財政資金をＩＴ化・デジタル化へと投入していくのが新成長戦略として理にかなう**はずです。

本書でも詳述したように、慢性デフレから脱し切れない日本の場合、家計と企業合わせた現預金が２０１９年末で国内総生産（ＧＤＰ）の2・3倍もあり、アメリカの76％、ユーロ圏の95％を圧倒しています。しかも円は世界の安全通貨として信用度も高いのです。裏返すと、日本は世界がうらやむカネ資源大国なのです。政府がそれを活用しないのはバカげているとも言えます。

気がかりなのは、菅さんのこれまでの発言をみていると、自民党の圧倒的多数を占める財政均衡派に引きずられているように見えることです。自民党総裁選の当初は、「将来の消費税増税やむなし」と言っていたのですが、すぐに「この先10年は消費税率を引き上げない」と、安倍前首相の政策を踏襲すると言い換えました。**緊急対策としての財政出動に前向きでも、経済再生のための財政出動には消極的な印象**が否めません。その代わり、重視するのは企業へのシバキであり、携帯電話料金の引き下げなどの規制改革や、最低賃金の引き上げです。

携帯電話料金の値下げは電波割当権限を持つ政府の影響力は絶大なので、早期に実現できるかもしれませんが、日本は独裁者による強権国家ではありません。雇用や賃上げは企業社会全体のコンセンサスが形成されないことには、掛け声倒れに終わってしまいかねません。

菅さんは9月12日の日本記者クラブでの自民党総裁候補討論会で、「安倍政権においては、雇用が400万人増」「アベノミクスによって、正規の方が150万人増」「最低賃金も20％引き上げています」と成果を強調しました。

実際にアベノミクスは賃金・雇用で力強い改善をなしえたのでしょうか。次ページのグラフ2はアベノミクスが始まって間もない2013年7月と最新の統計時点である2020年7月

＜グラフ2＞ **アベノミクス期間の実質賃金増減率**
〔2020年7月の対2013年7月比〕（%）
データ：CEIC

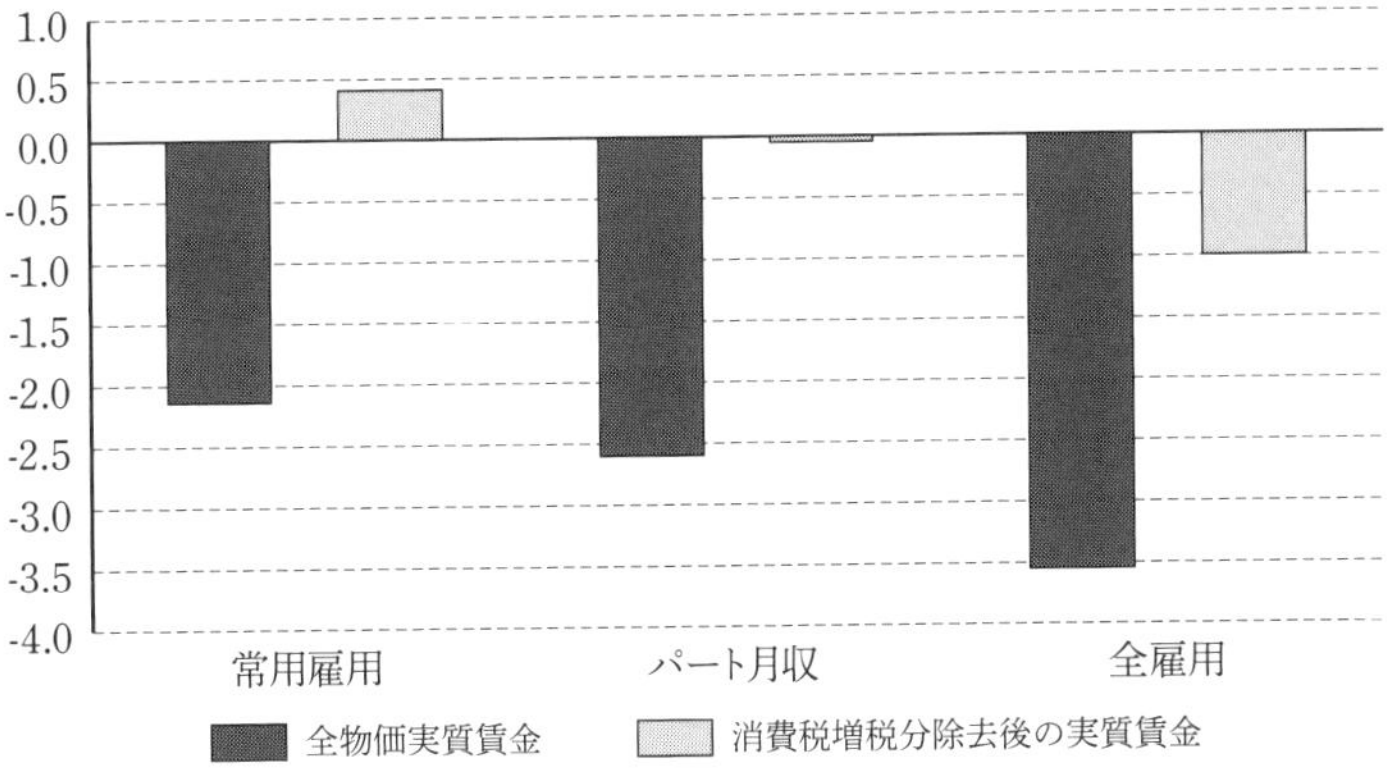

の実質賃金（月収ベース）を常用雇用、パートと双方を総合した全雇用に分けて算出したものです。実質賃金は賃上げ率から消費者物価上昇（ＣＰＩ）率を差し引きますが、日銀統計のＣＰＩを参考に、消費税増税分を除外した実質賃金上昇率も付け加えてみました。

　これを見れば一目瞭然、消費税上昇分も加えたＣＰＩでみると、**常用雇用ですら実質賃金は７年前より低い**のです。名目額の増減は常用２万円弱、パートは２８００円増えていますが、月収増は物価上昇率にははるかに及ばないのです。コロナショックを受けた影響はあるとしても、４月時点でも７年前に比べて常用２万５０００円増、パート５６０円減という具合であり、**実質賃金減のトレンドは明確**なのです。

　さらに恐るべきは二度にわたる消費税率引き上げの衝撃につきまとう後遺症です。消費税増税分を除去した実質賃金は常用で辛うじてプラス、あとはマイナス

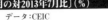

になっています。デフレとは一般的には物価が下がり続ける状態を指しますが、需要が縮小し続けることで物価に絶えず下落圧力が加わるのです。消費税増税のために強制的に物価が押し上げられ、同時に家計の可処分所得が減るために需要が大幅に落ち込みます。**デフレ下での消費税増税はデフレを加速させる**のです。

もとより、産業界は大企業、中小・零細企業を問わず、内需が増えないなか、賃上げに応じられるはずはないでしょう。正社員を増やしても賃金は極力抑え、低賃金の非正規を雇います。前述した菅発言の数値はどの時点のデータによるのか知りようもないのですが、総務省統計によれば、2020年1~3月平均の正規雇用は7年前比で220万人増えたのに対し、非正規は280万人増えています。消費税大幅減税抜きに賃金・雇用情勢を転換することができるとは、とても思えません。

思えば、経済とはゴム鞠《まり》のようなものです。しっかりと空気が中に詰まっていれば、圧力を受けると大きく弾みます。リバウンドする力が強い、つまりV字型景気回復が達成されます。しかし、空気が抜けているゴム鞠は圧力を受けるとよけいにしぼんでしまいます。リバウンドすることは到底不可能です。この空気が抜けているゴム鞠経済こそ、四半世紀もの間、慢性デフレとゼロコンマ%台の経済成長が続いてきた日本なのです。しぼみやすい日本経済に携帯料金引き下げなどの規制改革、賃上げという圧力をかけても、混乱がひどくなるだけでしょう。

まず景気を力強い回復軌道に乗せて、経済成長を持続させることが重要であり、規制改革や賃上げはそのあとに続くべき課題のはずです。まずはゴム鞠に空気を注入し、リバウンド力をつけることが優先されるべきです。この空気とは、ゴム鞠の外界に充満しているカネのことで、それを取り込むことができるのは政府の財政しかありません。これまで政府は逆に、消費税増税と緊縮財政によってゴム鞠の空気をわざわざ抜いてきたのです。

日本再興、再生のためには「隗《かい》より始めよ」。遠大な事をするには、手近なことから始めよという中国の故事です。**「隗」とは消費税の大幅減税及び将来の成長や安全を支えるインフラ、基礎研究、教育、防衛などへの継続的な財政資金投入**なのです。菅さんが中途半端なまま終わったアベノミクスでの経済成長率を押し上げることに命がけで取り組むなら、消費税減税と財政支出拡大こそが力強いメッセージになるでしょう。

田村秀男

本書は、インターネット番組『田村秀男の経済ひとりがたり』(制作:林原チャンネル）をもとに、企画・構成いたしました。
番組は毎月、YouTubeの「林原チャンネル」にて配信しております。
ご覧いただけますと幸いです。

Profile

田村秀男（たむら・ひでお）

産経新聞社特別記者・編集委員兼論説委員。

1946年高知県生まれ。1970年早稲田大学政治経済学部経済学科卒、日本経済新聞入社。ワシントン特派員、経済部次長・編集委員、米アジア財団（サンフランシスコ）上級フェロー、香港支局長、東京本社編集委員、日本経済研究センター欧米研究会座長（兼任）を経て2006年12月に産経新聞社に移籍、現在に至る。ネットTV「林原チャンネル」にレギュラー出演中。

主な著書：『検証・株主資本主義』（共著、日経BP社）、『人民元・ドル・円』（岩波新書）、『経済で読む日米中関係』（扶桑社新書）、『世界はいつまでドルを支え続けるか』（同）、『「待ったなし！」日本経済』（フォレスト出版）、『人民元が基軸通貨になる日』（PHP出版）、『財務省「オオカミ少年」論』（産経新聞出版）、『日本建替論』（共著、藤原書店）、『反逆の日本経済学』（マガジンランド）、『日経新聞の真実』（光文社新書）、『アベノミクスを殺す消費増税』（飛鳥新社）、『消費税増税の黒いシナリオ』（幻冬舎ルネッサンス新書）、『人民元の正体』（マガジンランド）、『中国経済はどこまで死んだか』（共著、産経新聞出版）、『世界はこう動く　国内編』（長谷川慶太郎氏と共著、徳間書店）、『世界はこう動く　国際編』（同）、『検証　米中貿易戦争』（マガジンランド）、『中国発の金融恐慌に備えよ』（宮崎正弘氏との共著、徳間書店）、『習近平敗北前夜、脱中国で繁栄する世界経済』（石平氏との共著、ビジネス社）

景《けい》気《き》回《かい》復《ふく》こそが国《くに》守《まも》り
脱《だつ》中《ちゅう》国《ごく》、消《しょう》費《ひ》税《ぜい》減《げん》税《ぜい》で
日《に》本《ほん》再《さい》興《こう》

2020年11月15日　初版発行

著　者　田村秀男

装　丁　志村佳彦(ユニルデザインワークス)
編集協力　吉田渉吾
校　正　大熊眞一(編集室ロスタイム)
協　力　高谷賢治(林原チャンネル)
編　集　川本悟史(ワニブックス)

発行者　横内正昭
編集人　岩尾雅彦
発行所　株式会社 ワニブックス

〒150-8482
東京都渋谷区恵比寿4-4-9 えびす大黒ビル
電話　03-5449-2711(代表)
　　　03-5449-2716(編集部)
ワニブックスHP　http://www.wani.co.jp/
WANI BOOKOUT　http://www.wanibookout.com/
WANI BOOKS News Crunch　https://wanibooks-newscrunch.com/

印刷所　株式会社 光邦
ＤＴＰ　アクアスピリット
製本所　ナショナル製本

定価はカバーに表示してあります。

ISBN 978-4-8470-9967-0